Luis Rafael Martínez Córdova
Dr. Marcel Martínez Porchas.

APRENDA A REDACTAR DOCUMENTOS CIENTÍFICOS:

Una guía teórico-práctica

BARKER & JULES®

BARKER & JULES®

APRENDA A REDACTAR DOCUMENTOS CIENTÍFICOS:
Una guía teórico-práctica

Edición: Barker and Jules™
Diseño de Portada: Barker & Jules Books™
Diseño de Interiores: Juan José Henández Lázaro | Barker & Jules Books™

Primera edición - 2021

I.S.B.N. | 978-1-64789-621-8
I.S.B.N. eBook | 978-1-64789-622-5

BARKER & JULES, LLC
2248 Meridian Blvd. Ste. H, Minden, NV 89423
barkerandjules.com

Esta obra fue publicada con el apoyo de la Universidad de Sonora a través de la Secretaría General Académica, la División de Ciencias Biológicas y de la Salud y el Departamento de Investigaciones Científicas y Tecnológicas de la Universidad de Sonora (DICTUS).

Sobre los autores:

El Dr. Luis Rafael Martínez Córdova cuenta con Doctorado en Uso, Manejo y Preservación de los Recursos Naturales por el Centro de Investigaciones Biológicas del Noroeste. Es profesor de la Universidad de Sonora en los niveles de Licenciatura, Maestría y Doctorado, impartiendo entre otros, los cursos de Redacción de Informes y Artículos Científicos y el de Taller de Divulgación Científica. Estos mismos cursos los ha ofrecido en otras instituciones nacionales e internacionales. Ha participado en la creación de opciones educativas de licenciatura y de posgrado, entre los que se incluyen la Licenciatura en Biología, la Maestría en Acuacultura y el Posgrado en Biociencias (Maestría y Doctorado). Ha dirigido alrededor de 10 tesis de licenciatura, 15 de maestría y 16 de doctorado. Es autor de 8 libros y 28 capítulos de libro, así como de más de 120 artículos en revistas indizadas de alto impacto.

El Dr. Marcel Martínez Porchas obtuvo su doctorado en ciencias en el Centro de Investigación Científica y de Educación Superior de Ensenada (CICESE). Actualmente labora como Investigador titular en el Centro de Investigación en Alimentación y Desarrollo, A.C. Es un científico consolidado que pertenece al Sistema Nacional de Investigadores de México (Nivel 3) y ha publicado alrededor de 150 publicaciones científicas las cuales han cosechado algunos millares de citas.

Ambos autores han impartido materias, cursos y talleres de redacción científica para estudiantes, profesores y científicos que buscan mejorar sus habilidades para escribir documentos científicos.

También, han participado como editores de revistas científicas y como revisores para más de cincuenta prestigiosas revistas internacionales.

Gran parte de la experiencia de estos investigadores ha quedado plasmada en esta obra, la cual pretende ser una ayuda para quienes tienen como objetivo mejorar sus escritos y la meta de lograr una comunicación eficiente de sus actividades académicas y científicas.

ÍNDICE

PRÓLOGO

El presente libro está orientado a mejorar las habilidades para la redacción adecuada de documentos científicos de investigadores y estudiantes de nivel superior (licenciatura y posgrado).

Pretende ser una guía sencilla y comprensible que lleve al lector de manera sistemática a la adquisición de las herramientas fundamentales para poder redactar un documento (de diferentes tipos), en el que comunique de forma eficiente los resultados de una investigación científica o documental, tanto en ciencias naturales como en otro tipo de ciencias.

La obra se conforma de cinco capítulos. En el primero se aborda el tema de la comunicación científica, su importancia en el mundo actual y las problemáticas que enfrenta para que pueda tener el impacto que se espera.

El segundo capítulo describe de forma breve los diferentes tipos de documentos científicos y en qué tipo de publicaciones se pueden encontrar: El artículo científico original, el artículo de divulgación científica, los estudios recapitulativos o revisiones, las notas científicas (notas preliminares, notas cortas o notas de investigación), las tesis y las disertaciones.

El tercer capítulo aborda las características de la redacción científica, las diferencias con la redacción literaria, así como las problemáticas más comunes que se presentan al redactar un documento científico. Se presentan ejemplos y ejercicios para cada una de estas problemáticas.

El cuarto capítulo se enfoca en la estructura del artículo científico original y el formato utilizado en la mayoría de las revistas. Se presentan ejemplos reales de artículos publicados en cada una de las modalidades.

Finalmente, el quinto capítulo trata sobre presentaciones visuales, destacando los principales aspectos que se deben tomar en cuenta para una presentación limpia y didáctica.

CAPÍTULO 1.
LA COMUNICACIÓN CIENTÍFICA

Importancia

Podemos englobar dentro del término ***comunicación científica*** a todas las diferentes formas en que alguna información que se considere científicamente relevante se hace llegar a cualquier persona o entidad que esté interesada en ella. Esta información puede ser el resultado de una investigación científica, una investigación documental o la publicación de las experiencias profesionales de una o varias personas en un tema específico. *A través de ella se establecen juegos del lenguaje donde se tienden diversos puentes entre la ciencia y la sociedad* (Mazzaro, 2010).

En los tiempos actuales, la ciencia, la tecnología y la innovación tienen cada vez mayor visibilidad, lo cual se debe primordialmente al hecho de que los medios de comunicación se han ido haciendo cada vez más abundantes, diversos y eficientes, y han incorporado a sus contenidos tanto información de los avances científicos y tecnológicos, como experiencias directas de los profesionales que los producen. *La ciencia no siempre ha tenido un carácter público y los criterios que establecen cuáles son los conocimientos factibles de ser comunicados han variado según las épocas y los contextos* (Fehér, 1990).

Es importante que los estudiantes, académicos e investigadores, estemos conscientes de que nuestra labor no termina con obtener resultados relevantes y plasmarlos en un documento que quede en nuestro escritorio o en nuestra computadora. Es necesario que estos resultados lleguen a donde deben, es decir: que sean comunicados eficientemente para su conocimiento y adecuado aprovechamiento. Hoy sabemos que a través de la historia se han obtenido importantes hallazgos que, en su momento, pudieron haber contribuido a un desarrollo más acelerado de determinadas áreas del conocimiento y de las ciencias; pero que no lo fueron por la falta de difusión, no solamente en revistas especializadas para científicos, sino a la población en general a través de otros medios. Cuando un documento no alcanza a ser publicado en medios masivos y es de difícil acceso, éste pasa a ser parte de lo que se denomina como "literatura gris", que es básicamente literatura semipublicada o literatura no convencional cuyo impacto es escaso o nulo. Esto es algo lamentable, ya que el esfuerzo y recursos invertidos en investigaciones terminan en el olvido y sin llegar a su fin último, que es contribuir a la ampliación y aplicación del conocimiento.

La comunicación científica es un proceso de enorme relevancia en el que deben estar involucrados al menos tres componentes: los investigadores, la sociedad y los medios de comunicación. El papel del investigador es el de generar conocimientos relevantes que respondan a las problemáticas de la sociedad actual, su bienestar y su desarrollo socioeconómico y cultural y ser capaz de plasmarlos en un instrumento que pueda ser comunicado y divulgado eficientemente para que pueda ser entendido y aprovechado por el usuario. La divulgación científica permite estrechar los lazos entre el investigador y la sociedad, mejorando su mutuo conocimiento.

En los últimos años, afortunadamente, se ha visto que los medios de comunicación se han ido convirtiendo cada vez más en una verdadera forma de trasmisión del conocimiento, lo que facilita el flujo de la información, desde sus generadores hasta sus usuarios. Es innegable también el interés cada vez mayor de la población hacia el quehacer científico y sus posibles aplicaciones.

En nuestro tiempo, es evidente que casi cualquier conocimiento se puede transformar en información y, en algunos casos, la información en conocimiento. Los conceptos que se tenían de información y de comunicación han ido transmutando poco a poco a través del tiempo y del espacio sobre los que se han sostenido; esto impulsado mayormente por las tecnologías de información y comunicación (TIC).

Redundando un poco, en la comunicación y divulgación científicas, es importante reconocer cuatro elementos fundamentales: **la fuente**, **el mensaje**, **el canal** y **el destinatario**. Estos cuatro elementos deben estar adecuadamente enlazados para que la comunicación pueda ocurrir y la información pueda llegar eficientemente al destinatario. Cada uno de estos elementos tiene protagonistas específicos. **La fuente** la constituyen los conocimientos generados; **el mensaje** está conformado por los diferentes tipos de documentos científicos armados de manera adecuada; **el canal** lo constituyen los medios de difusión como revistas, periódicos, plataformas, etcétera; **el destinatario** son los lectores o auditorio que reciben el menaje.

Algunos especialistas en el tema suelen distinguir entre difusión y divulgación. *Difundir* el conocimiento científico sería hacerlo llegar a ciertos grupos o sectores sociales para su aprovechamiento directo, en tanto que *divulgar* la ciencia se refiere a hacer accesibles las teorías y métodos de las diversas ciencias, así como sus aplicaciones concretas, a un público más extenso y menos especializado (Martínez, 2008).

Es fundamental comprender qué si bien la difusión es una actividad compleja en sí misma y constitutiva del proceso de investigación, para enriquecer su debate y discusión es necesario que el personal investigador reconozca, reflexione y participe de nuevas alternativas de comunicación, que le brinden no sólo reconocimiento en la comunidad de especialistas, sino reconocimiento y valía dentro del entramado social, el cual indudablemente contribuye a la progresividad del conocimiento científico. Es decir, además de publicar en revistas académicas, también es necesario dar a conocer a la opinión pública los descubrimientos (Calvo & Calvo, 2011), ya que la comunicación de la ciencia constituye la primera fase de la "devolución" a la sociedad del préstamo en confianza, esfuerzo y financiación que ésta hace hacia sus científicos/as y que éstos/as están obligados/as moralmente a devolver (Camarero, 2014).

Principales problemáticas de la comunicación científica

Los problemas más importantes a los que se enfrenta la comunicación científica en la actualidad pueden resumirse en cuatro tipos: Problemas de conceptualización, problemas de redacción, problemas para la difusión y divulgación de la información que se genera y problemas de aprovechamiento y uso de esta información.

1. Problemas de Conceptualización

No siempre es fácil traducir los hallazgos científicos en conceptos accesibles al entendimiento del lector. Esto es particularmente cierto en el caso de las disciplinas científicas complejas (física nuclear, química cuántica, biología molecular, etcétera), pero aún en ciencias de menos complejidad, incluyendo ciencias sociales y pedagógicas, suele complicarse dicha traducción. El investigador debe ser capaz de comunicar de la manera más sencilla posible estos hallazgos a través de la construcción de conceptos verdaderamente comunicables ("difundibles" o divulgables) y fáciles de digerir, incluso, llegando a utilizar palabras del argot de algún estrato social.

2. Problemas de Redacción

Uno de los grandes problemas que se tienen para la comunicación de conocimientos obtenidos de la investigación, es la capacidad de redactar adecuadamente un documento científico, el cual, como se verá más adelante, debe reunir ciertas características y tiene diferencias notables en comparación con un documento literario, periodístico o de otro tipo. Esta problemática es más común en estudiantes recién egresados y en investigadores jóvenes con escasa experiencia y se deriva, principalmente, de una inadecuada preparación académica en el área de metodología de la investigación, ortografía, lectura y redacción. Los programas académicos de nivel primario, medio y medio-superior, ponen poca atención en estos aspectos. Esto hace que, por lo general, los estudiantes lleguen a los niveles de licenciatura y posgrado, o egresen de ellos, con muy pocas herramientas para abordar exitosamente la preparación de un artículo medianamente aceptable, incluso cuando están capacitados para asimilar y generar conocimiento de alto impacto.

3. Problemas para la Difusión y Divulgación de la Ciencia

A través del tiempo, la comunicación científica se ha enfrentado a diferentes tipos de problemáticas. Hasta antes de la mitad del siglo XX, la falta de medios y canales de comunicación suficientes y especializados fue el principal freno para la divulgación y difusión de la ciencia. La primera revista científica apareció en el siglo XVII, pero eran muy pocos los que tenían acceso a publicar en ella. Con el desarrollo científico y tecnológico del siglo XX, la cantidad de información científica se fue haciendo cada vez más abundante y, por lo tanto, se hizo evidente la necesidad de crear conductos para su comunicación a la sociedad. Así fue como comenzaron a surgir cada vez más revistas tanto especializadas como de divulgación general. Se estima que existen actualmente más de 20.000 revistas con arbitraje en todos los campos de la producción académica, que publican más de 2.000.000 de artículos por año (Gómez y Arias, 2002). El problema es que la situación es muy heterogénea a lo ancho del mundo. Hay países como Estados Unidos de Norteamérica,

Inglaterra y Francia, que cuentan con miles de revistas; mientras que otros, principalmente del continente Africano y Latinoamérica, que cuentan con un número reducido de revistas. Por otra parte, muchas de las revistas especializadas tienen costos de publicación muy altos, lo que las hace inaccesibles para que investigadores y estudiantes de países pobres o en vías de desarrollo, puedan publicar en ellas.

Las revistas que no tienen costo o cuota por publicación tienen una alta demanda y publican menos del 40% de los artículos que reciben, mientras que otras no llegan ni al 10%. Solo los mejores artículos en términos de relevancia científica, diseño experimental y buena redacción serán aceptados. Lo que hace que herramientas como la buena redacción cobren relevancia.

4. Problemas de Aprovechamiento y Uso

Aun cuando se han multiplicado los canales de comunicación de la ciencia y el número de documentos científicos a nivel mundial es extraordinariamente grande, no siempre hay un aprovechamiento cabal de dicha información. Las causas de esto son principalmente las barreras idiomáticas, ya que la mayoría de los artículos y documentos se publican en inglés, francés o alemán y son poco o difícilmente leídos por usuarios de los países en donde se hablan otros idiomas; sin embargo, actualmente la mayoría de los estudiantes de posgrado tienen una formación aceptable para comprender el inglés como segundo idioma. Por otra parte, la subscripción a muchas de las revistas más importantes tiene costos a veces muy elevados y poco accesibles para muchas instituciones, sobre todo de carácter público. Afortunadamente, poco a poco se han ido extendiendo las redes de comunicación que permiten compartir información de manera más efectiva y sin la necesidad de invertir grandes cantidades de dinero. El apoyo de algunas agencias internacionales ha facilitado estas acciones.

Un problema adicional es la escasa cultura que existe en muchos países por la lectura en general y por el acopio de información científica en particular, aunado a la incredulidad o falta de confiabilidad de mucha gente por la información científica. Esto es particularmente cierto para creyentes de ciertas religiones que rechazan mucha de la información difundida. Tenemos por otra parte, la reticencia de muchos potenciales usuarios, principalmente empresarios, para incorporar en sus empresas avances científicos, prefiriendo las tecnologías que tradicionalmente han venido utilizando.

La comunicación científica puede llevarse a cabo a través de medios escritos, orales o visuales. La más común es la comunicación escrita que se publica en revistas periódicas especializadas y revistas de difusión del conocimiento.

CAPÍTULO 2. TIPOS DE DOCUMENTOS CIENTÍFICOS

Existe una gran variedad de documentos en los que se pueden comunicar resultados de investigaciones científicas, siendo los más comunes los siguientes:

El artículo científico original

Presenta por primera vez los resultados de una investigación original llevada a cabo por el autor o autores de ésta. Es la fuente primaria del conocimiento sobre un tópico determinado, a partir de la cual se pueden originar otros documentos o fuentes secundarias tales como: estudios recapitulativos o revisiones, reseñas, compilaciones, capítulos de libros, entre otros. La información más disruptiva se encuentra en este tipo de documentos ya que es información novedosa que ha sido validada por otros académicos o científicos expertos en el área. Además, deben ser redactados en un lenguaje formal, técnico y en un formato específico acorde a las instrucciones de la revista en la que se publica.

Los artículos científicos originales se pueden encontrar en revistas especializadas o journals (Revista Española de Investigación Educativa, Journal of Agronomy); en memorias editadas de reuniones, congresos o simposios de especialistas en alguna área del conocimiento (Proceedings of the XV World Aquaculture Society Meeting) o en compilaciones de un tema del conocimiento (Avances en el Tratamiento de Enfermedades Tropicales).

El artículo de divulgación científica

Este tipo de documento presenta también resultados originales o una combinación de éstos con información obtenida por medio de revisión bibliográfica. Sin embargo, están redactados en un lenguaje menos formal y más coloquial, en vista de que están dirigidos a lectores menos especializados y al público en general. Su formato puede ser libre, pero algunas revistas tienen un formato determinado.

Los artículos de divulgación se pueden encontrar en revistas divulgativas de temas particulares (Panorama Acuícola), o en revistas más generales (Science; Ciencia Interamericana; Selecciones de Readers Digest), e inclusive en secciones especiales de periódicos o semanarios, por lo que hay una mayor cantidad y diversidad de lectores.

Algunas revistas de divulgación publican sinopsis, reseñas o versiones resumidas de artículos científicos originales, previa aceptación del autor(es) y de la revista en donde fue publicado originalmente.

Estudios recapitulativos o revisiones

Presentan organizadamente la revisión bibliográfica de un tema específico de interés en el área de especialidad de la revista.

Algunos estudios recapitulativos están enfocados a presentar el estado actual del conocimiento sobre el tema o asunto seleccionado. Se basan en fuentes primarias y secundarias, en experiencias personales y opiniones del autor para dar forma al documento.

Algunas revisiones pueden enfocarse al planteamiento de un problema, y/o sugerencia de posibles soluciones. También, proveen información que sirve como marco teórico para un tema en especial, presentando de manera ordenada información actualizada sobre una determinada área de interés.

El formato puede variar desde un documento de una sola pieza, hasta uno dividido en varias secciones que dependen del tema abordado y del enfoque que el autor le quiere dar. Por ejemplo: Origen del problema; Antecedentes; Estado Actual del Conocimiento; Sugerencias para Abordar la Problemática; Perspectivas Futuras, etcétera.

Este tipo de estudios se publican en revistas especializadas en revisiones de un área específica del conocimiento (Fisheries Reviews, Educational Reviews Journal). También en secciones de revistas o "journals" especializados (Human Microbiome), o en compilaciones de artículos sobre una temática particular.

Es importante no confundir una revisión con un capítulo de libro. Aunque tienen algunas similitudes, una revisión analiza y discute la información, llegando a conclusiones a partir de la información recabada. En cambio, un capítulo de libro por lo general tiene fines más didácticos; es decir, enseñar al lector sobre un determinado tema. Sin embargo, esta diferencia entre ambos tipos de documentos es a veces difusa.

Notas cortas

En algunas revistas se pueden llamar Notas Preliminares o Notas de Investigación. Pueden tener la misma estructura y formato que el artículo científico, pero comúnmente son documentos mucho más cortos.

La investigación que les da origen es por lo general muy relevante y disruptiva, por lo que debe publicarse cuanto antes, a pesar de no estar acompañada por otra información de respaldo. Sin embargo, también son avances preliminares y resultados aun no concluyentes.

Las notas cortas informan sobre investigaciones en proceso y pueden servir para tener contacto con investigadores que trabajan en temas similares o para complementar información, colaborar y no duplicar esfuerzos repitiendo estudios que ya se están realizando.

Algunos manuscritos que se someten como artículos científicos originales, pudieran ser aceptados como notas cortas o preliminares, aunque esto depende del criterio del editor de la revista y de la previa aceptación del autor(es).

Tesis

Suelen tener el mismo formato, propósito y estructura que un artículo científico, ya que es el reporte de una investigación científica original que el autor o autores presentan para obtener un grado académico de licenciatura o posgrado.

No obstante, la extensión de este documento comúnmente es mucho mayor que la del artículo. Esto se debe principalmente a que las secciones de Introducción y Antecedentes deben incluir una exhaustiva revisión bibliográfica mediante la cual el estudiante demuestra un amplio conocimiento y manejo del tema. Por otra parte, la metodología debe ser mucho más descriptiva para que el estudiante demuestre que conoce suficientemente las bases que sustentan los métodos empleados. Adicionalmente, se incluyen aspectos que normalmente no se presentan en un artículo científico, tales como índice de contenido, hipótesis, dedicatorias, agradecimientos, recomendaciones, anexos, etcétera.

Las tesis se encuentran en las bibliotecas y archivos de las instituciones en donde fueron presentadas. Afortunadamente en la actualidad, la mayoría de las instituciones suben sus tesis a sus plataformas digitales y son, por lo tanto, mucho más accesibles que antes. Además, muchas instituciones tienen programas de cooperación entre ellas, lo que facilita la localización de tesis de muy diversas instituciones en una sola plataforma.

Disertación

Es un documento que presenta uno o más estudiantes para obtener un grado académico o certificación. En este caso, no proviene de una investigación original, sino de una revisión bibliográfica.

La disertación tiene la misma estructura que un estudio recapitulativo, aunque usualmente es mucho más extensa, en virtud de que el estudiante debe demostrar un amplio dominio del tema que ha sido producto de una exhaustiva revisión bibliográfica, hemerográfica y de internet. Al igual que las tesis, la encontramos en las bibliotecas, archivos y plataformas de las instituciones en donde fue presentada.

CAPÍTULO 3.
CARACTERÍSTICAS Y PROBLEMÁTICAS DE LA REDACCIÓN CIENTÍFICA

Redacción literaria vs Redacción Científica

Hay diferencias importantes entre estos dos tipos de redacción, tanto en sus propósitos como en la forma de obtenerlos.

La redacción literaria tiene como objeto expresar sentimientos, historias, puntos de vista, para lo cual utiliza metáforas, eufemismos, suspenso y otros recursos literarios. Entre sus propósitos se incluyen el generar sentimientos o reacciones en el lector. Es decir, un buen autor literario puede hacer llorar, rabiar o saltar de alegría a sus lectores, utilizando las herramientas literarias a su alcance.

En contraste, la redacción científica tiene como único propósito dar a conocer de manera eficiente los resultados de una investigación original o bibliográfica, no provocar emociones, sino comunicar eficazmente el resultado de la investigación.

Aunque el objetivo de la redacción científica es claro, no todos pueden desarrollar textos científicos de manera adecuada, lo que lleva a preguntarse: ¿Es un don?.

La respuesta a esta pregunta es: No necesariamente. Redactar adecuadamente un documento científico no requiere de una habilidad creativa o artística sobresaliente, pero sí de un pensamiento estructurado.

Es una destreza que se puede adquirir y dominar con la experiencia, aunque se deben cubrir ciertos requisitos que se mencionan a continuación.

Requisitos para una Adecuada Redacción Científica

1. Tener suficiente dominio del idioma en el cual se pretende escribir

Es necesario saber escribir oraciones completas y coherentes, construir párrafos lógicos que lleven al lector sistemática y organizadamente de un tema al próximo. Para ello, es obligatorio utilizar diestramente vocablos y signos de puntuación, que den como resultado un texto sencillo, claro y fácil de entender.

Entre más amplio sea el vocabulario de quien redacta, mayor será su facilidad para plasmar en forma de texto aquello que pretende comunicar. En caso de que el vocabulario sea limitado, se aconseja el uso de diccionarios y tesauros para evitar ser repetitivo en términos y expresiones. Sin embargo, es aconsejable que también se desarrolle un hábito de lectura, lo cual aportará un mayor léxico al futuro escritor de textos científicos.

2. Planificación

Para poder tener éxito y lograr un documento científico con posibilidades de ser publicado, se requiere diseñar un plan de trabajo eficiente y cumplirlo, no dejarlo para “cuando haya oportunidad”. Escribir sin una estructura previamente planificada por lo general lleva a producir textos deficientes, sin una secuencia lógica o en el peor de los casos, textos sin sentido o como coloquialmente se dice: “sin pies ni cabeza”.

La planificación debe contemplar:

a. Búsqueda de información (bibliográfica, hemerográfica, de Internet o comunicaciones personales)

b. Organización de la información (fichas, apuntes, notas, archivos y carpetas digitales)
c. Análisis e interpretación de los resultados (en el caso de investigaciones originales)
d. Determinar la estructura del texto (título, secciones y subsecciones)
e. Redacción de un primer borrador
f. Revisión del borrador
g. Envío del borrador a colegas o expertos en el tema para obtener su opinión
h. Redacción del manuscrito en su versión final

3. Dedicación

Se requiere dedicar tiempo suficiente, tanto para la redacción del documento, como para la revisión y corrección de éste. Es muy importante no escribir apresuradamente y tampoco de manera exageradamente intermitente. La redacción debe ser cuidadosa, pausada y constante. Muchas revistas (o miembros de comité) son muy exigentes y será necesario, reescribir, aumentar, eliminar o modificar. Aunque la información sea valiosa e incluso disruptiva, se puede rechazar un artículo (o tesis) por estar mal redactado, presentar errores ortográficos o "de dedo", estar mal organizado y no ser suficientemente comprensible.

4. Seguir los tres fundamentos de la redacción científica: Precisión, claridad y brevedad

a. Precisión

Se refiere a elegir las palabras que comuniquen en la forma más precisa y exacta posible lo que se quiere informar. Es necesario escribir para el lector y facilitarle lo más posible la comprensión de lo que está leyendo. Hay palabras que pudieran parecer adecuadas, pero que no lo son totalmente y es necesario entonces elegir otra palabra que sea más acorde a la idea que se quiere comunicar, ya que no todos los sinónimos tienen la misma equivalencia en todos los contextos.

A continuación, se presenta un ejemplo de un texto redactado de manera poco precisa y su forma más precisa:

Imprecisa:
En el horizonte mundial, se aprecia una alta exposición involuntaria a contenidos inapropiados.

Es probable que la palabra horizonte no sea la más apropiada para expresar la idea, ya que podría dar la idea de una perspectiva futura.

Precisa:
En el contexto mundial, se aprecia una alta exposición involuntaria a contenidos inapropiados.

La palabra contexto pudiera ser más apropiada para este caso si lo que se pretende es establecer el universo de casos como referencia.

b. Claridad

Usualmente, el autor puede entender sus escritos, aunque éstos sean deficientes, ya que la idea de lo que desea transmitir es clara en su mente. Sin embargo, esto no es necesariamente así para el lector, quien puede tener serias dificultades para llevar a cabo una lectura de comprensión.

Claridad significa producir un texto sencillo y fácil de entender, utilizando desde luego las palabras más precisas y adicionalmente, no usar lenguaje rebuscado y seguir las reglas gramaticales y de puntuación. El texto se lee y se entiende fácilmente cuando el lenguaje es sencillo, las oraciones están bien construidas y llevan un orden lógico, sin necesidad de que el lector se vea en la necesidad de leer nuevamente para lograr una adecuada comprensión.

Un indicativo contundente de claridad es cuando el lector comprende el texto en una sola lectura. Por el contrario, cuando el lector siente la necesidad de volver a leer para entender la idea, es muy probable que el texto tenga deficiencias y sea poco claro.

A continuación, se presentan ejemplos de un párrafo con redacción poco clara y su correspondiente versión más clara.

Redacción poco clara

En el panorama que se refiere a nuestro país está en crecimiento y no existen estudios de los riesgos derivados del mal uso de las TIC, motivo que llevó a realizar el análisis conjunto de los distintos riesgos y poder tener incidencia en aquellos que han sido poco estudiados.

En este párrafo el problema radica en la falta de una adecuada puntuación y de una estructura correcta. Además, los términos y frases utilizadas no terminan por comunicar de una forma breve y clara lo que el autor pretende transmitir.

Redacción más clara

En el contexto nacional, el uso de las TIC está en crecimiento y no existen estudios de los riesgos derivados de su mal uso. Esto motivó a realizar el análisis conjunto de los distintos riesgos e incidir en aquellos que han sido poco estudiados.

c. *Brevedad*

Un artículo o cualquier documento científico excesivamente largo, será poco atractivo a los posibles interesados. Por otra parte, las revistas prestigiadas intentan ahorrar espacio por la alta demanda o cobran por página. Esto hace que comúnmente no se publiquen documentos demasiado largos.

Los textos deben tener una extensión adecuada, incluyendo sólo información pertinente, usando el menor número posible de palabras; sin embargo, esto no significa tener que sacrificar información relevante. Aprender a organizar información por orden de relevancia lleva tiempo y requiere de práctica; sin embargo, una vez que se logra esta capacidad, se facilita la escritura de textos dentro de los límites que establecen revistas, editoriales, convocatorias para proyectos, etcétera.

Por el contrario, textos extremadamente cortos tipo telegrama, son inaceptables y no transmiten la información de manera eficiente. Es entonces crucial encontrar un balance en la extensión del texto.

Manuscritos de entre 20-25 páginas a doble espacio, son los que normalmente aceptan la mayoría de las revistas especializadas; mientras que algunas revisiones podrían alcanzar las 30 o 35 páginas.

En tesis y disertaciones, la extensión es variable. Por ejemplo, una extensión de 50-70 páginas a doble espacio y fuente número 12, se considera aceptable para tesis de Licenciatura, 60-80 para las de Maestría y 80-120 para las de Doctorado. Esto desde luego no es una regla, sino una métrica que nos puede ayudar a saber si nos encontramos dentro de los estándares. Esto sin dejar de lado el hecho de que el contenido es más importante que la extensión.

A continuación, se presenta un ejemplo de un párrafo muy largo, uno muy corto y otro aceptable:

Muy largo

Los datos que hemos recabado hasta ahora nos indican sin lugar a duda y de forma muy clara que las Tecnologías de la Información y Comunicación (TIC), puede considerarse que han tenido un impacto muy positivo y significativo en el avance de todos los indicadores de aprendizaje en todos los diferentes niveles educativos.

Muy corto
Las TIC impactan significativamente el aprendizaje.

Aceptable
Los datos indican que las Tecnologías de la Información y Comunicación (TIC), han tenido un impacto significativo en el avance del nivel de aprendizaje en todos los niveles educativos.

En el primer caso el autor divaga un poco, presentando información relevante mezclada con frases de peso muerto que solamente extienden el párrafo sin hacer un aporte relevante a la idea principal. En el segundo caso, la información es más clara y concisa, pero deja algunas dudas en cuanto al impacto de las TIC. Mientras que, en el último ejemplo, el autor va directamente al tema central sin añadir frases irrelevantes, pero sin dejar de lado información crucial para explicar la idea.

Por último, es importante que estas tres características (precisión, claridad, brevedad) estén acompañadas por una armonía entre las partes que componen un texto científico. Quien escribe un texto, tiene a su disposición muchas herramientas del lenguaje (que veremos más adelante) con las cuales estructurar un documento aceptable, así como un compositor tiene a la mano todas las notas musicales con las cuales puede crear una melodía. El resultado dependerá de cómo se usen.

Problemáticas comúnmente enfrentadas en la redacción científica

A continuación, se describen y ejemplifican algunos de los problemas más comunes a las que nos enfrentamos al redactar un documento científico.

1. Problemas de sintaxis

La sintaxis es la parte de la gramática que se encarga del correcto acomodo de las palabras dentro de una oración y de las oraciones dentro de un texto. Si no se le presta atención, el resultado será una oración o un párrafo deficiente; a veces, el significado literal es absurdo, pero entendible. En casos extremos, el significado puede ser casi contrario a lo que se desea expresar.

Algunos errores de sintaxis son difíciles de identificar, ya que al leer textos con este problema el cerebro hace los ajustes necesarios, utilizando herramientas como la lógica y el contexto para dar el significado correcto a la idea. Sin embargo, el enunciado o el párrafo siguen estando mal redactados.

A continuación, se presenta un ejemplo de un párrafo con deficiencias de sintaxis y su contraparte con la sintaxis adecuada.

Sintaxis deficiente

Los sujetos de estudio fueron seleccionados entre los jóvenes de 18 a 20 años, de las que se consideraron las colonias más afectadas por el problema, de acuerdo los criterios de Guzmán et al. (2011).

A pesar de que el párrafo luce como una idea bien presentada, no queda claro si los criterios de Guzmán y colaboradores se utilizaron para seleccionar a los sujetos de estudio o bien, para clasificar las colonias más afectadas. Esto podría representar un dolor de cabeza para el lector interesado en conocer el criterio metodológico que se utilizó.

Sintaxis adecuada
Los sujetos de estudio fueron seleccionados entre individuos de 18 a 20 años, de acuerdo con los criterios de Guzmán et al. (2011) y se consideraron las colonias más afectadas por el problema.

Las deficiencias en sintaxis muchas veces pasan desapercibidas porque, como ya dijimos, de alguna forma el lector alcanza a comprender lo que lee, aunque esté mal redactado. Esto ocurre incluso en prestigiosos medios de comunicación. Hace unos años, una nota de National Geographic se titulaba de la siguiente manera:

AVISTAN A TIBURÓN MÁS VIEJO QUE LOS DINOSAURIOS EN EL GOLFO DE MÉXICO

En un sentido estricto, la sintaxis del título afirmaba que el tiburón avistado era un viejo tiburón que había vivido durante millones de años. Sin embargo, al leer la nota se podía entender que, a lo que los autores se referían, era a que la especie de este tiburón databa incluso de antes de la "aparición" de los dinosaurios.

Para una sintaxis adecuada, se debe procurar que los elementos que se desea relacionar queden lo más cercanamente posible dentro de la oración. El sujeto debe estar cerca del verbo y de los complementos que le corresponden. Los adverbios deben quedar cerca de los elementos que modifican.

Es muy importante estructurar las oraciones y párrafos de tal manera que las primeras palabras escritas den al lector las claves correctas de lo que puede esperar del párrafo o párrafos siguientes.

Usualmente el tema principal que se aborda en el documento debe estar escrito al inicio del párrafo. Si el tema principal del párrafo no se encuentra al inicio de este, el lector tendrá que reordenar mucha de la información que tuvo que leer antes de llegar a la idea principal, ralentizando el proceso de comprensión.

Podemos iniciar nuestro documento de las dos maneras siguientes:

A. El mosquito Aedes aegypti, *es uno de los principales vectores del dengue.*
B. El dengue es una enfermedad infecciosa que se trasmite principalmente por medio del mosquito Aedes aegypti.

En el primer caso el lector esperaría una historia sobre el mosquito *Aedes aegypti*, así como sobre las enfermedades que puede trasmitir, incluyendo el dengue. Mientras que, en el segundo, las expectativas estarán centradas en la enfermedad del dengue, sus características y los vectores que la pueden trasmitir, incluyendo el mosquito *Aedes aegypti*.

A continuación, presentamos algunos ejercicios con párrafos deficientes en cuanto a su sintaxis. Las sugerencias de la forma más adecuada estarán al final del libro.

Ejercicio 1
Uno de los efectos más significativos y que mayormente se han estudiado de la desnutrición que se ha observado en estudiantes de diferentes niveles escolares y de distintas condiciones socioeconómicas y culturales es la dificultad en el aprendizaje.

Ejercicio 2
Los problemas que mayormente fueron mencionados, tal como había ocurrido en encuestas anteriores entre las

amas de casa del mismo sector y de otros distintos, fueron aquellos relacionados con la seguridad y la economía familiar.

Ejercicio 3

La vacunación hasta el momento ha sido aplicada solamente al 25 % de la población más vulnerable en los países menos desarrollados y en vías de desarrollo.

En el caso del **Ejercicio 3**, no queda claro si la vacunación se ha aplicado al 25 % de toda la población del mundo o al 25 % de la población más vulnerable, la cual se encuentra en los países menos desarrollados o en vías de desarrollo. En ocasiones el contexto puede ayudar al lector a descifrar las incógnitas derivadas de una mala sintaxis; sin embargo, los revisores de un documento con problemas se sintaxis no serán benevolentes al momento de evaluarlo.

2. Concordancia entre las partes de la oración

Este punto se refiere a la concordancia que debe existir entre todos los elementos que conforman la oración: sujeto, verbo, adjetivos, objeto directo, objeto indirecto, etcétera. Esta concordancia debe darse en cuanto a género, número y tiempo. Si el sujeto está en singular, el verbo y los adjetivos también deben estarlo. Si el sujeto tiene una connotación de género femenino, no podemos escribir su o sus adjetivos en masculino. También resultaría absurdo que uno de los verbos estuviese en presente y otro en pretérito. A pesar de esto, son problemas muy comunes, porque muchas veces pasan desapercibidos ya que no impactan el significado del texto.

A continuación, se presenta un ejemplo de oraciones en los que existen problemas de concordancia y su contraparte correcta:

Incorrecto

La reprobación y la deserción escolar es el resultado de programas educativos inadecuados, entre otros factores.

Correcto

La reprobación y la deserción escolar son el resultado de programas educativos inadecuados, entre otros factores.

Enseguida se presentan tres ejercicios que consisten en oraciones con problemas de concordancia, e igualmente, al final del libro se proveen las sugerencias de oraciones correctas en este sentido.

Ejercicio 4

Se ha encontrado una tendencia de ambos sexos a la sobreestimación de su calificación en una prueba escrita.

Ejercicio 5

El estudiante de más bajos ingresos, así como de más bajos niveles de nutrición, son los que observan los mayores problemas escolares.

Ejercicio 6

La correlación que se observa entre pobreza y delincuencia indicó que la falta de recursos económicos incide significativamente en la conducta delictiva.

3. Pronombres o adjetivos ambiguos

El uso de pronombres es muy importante en la redacción, ya que evita la repetición de sustantivos y hace las oraciones más breves. Sin embargo, debe cuidarse que el antecedente de cada pronombre esté perfectamente claro.

Lo mismo se puede aplicar para el caso de los adjetivos posesivos.

Por ejemplo:

Dentro de los principales factores que pueden modificar la conducta de los estudiantes de primaria y secundaria, se pueden mencionar, por un lado, aquéllos relacionados con su propio carácter y por otro los que tienen que ver con la situación familiar. ***Ellos*** *no son fácilmente superados por estudiantes sobre todo de nivel primaria.*

El pronombre ***Ellos*** es ambiguo, ya que no está claro si se refiere al carácter, a la situación familiar o ambos. Sería necesario definir exactamente a cuál se refiere el pronombre o no utilizarlo, sino mencionar el sustantivo al que representa.

Sugerencia:

Dentro de los principales factores que pueden modificar la conducta de los estudiantes de primaria y secundaria, están aquellos relacionados con su propio carácter y los que tienen que ver con la situación familiar. Ninguno de ellos puede ser fácilmente superado por estudiantes, sobre todo de nivel primaria.

O bien: *Los primeros no son fácilmente superados por estudiantes...*

O bien: *Los últimos no son fácilmente superados por estudiantes...*

Un segundo ejemplo, relacionado ahora con adjetivos posesivos ambiguos:

El índice de reprobación y la deserción escolar han presentado un repunte en los últimos años, presentando ***su*** *nivel más alto en 2019.*

En este caso el adjetivo posesivo ***su*** es ambiguo, ya que no está claro si se refiere al índice de reprobación o a la deserción escolar o a ambas.

Sugerencia:
El índice de reprobación y la deserción escolar han presentado un repunte en los últimos años, presentando sus niveles más altos en 2019. **(si se refiere a ambos).**

O bien: *...presentando el primero su nivel más alto en 2019.*

O bien: *...presentando el último su nivel más alto en 2019.*

A continuación, dos ejercicios que se refieren al uso de pronombres o adjetivos ambiguos. Al final del libro, se dan las sugerencias de una redacción más adecuada.

Ejercicio 7
La prueba Promociona, tuvo un efecto positivo en cuanto a la probabilidad de tener éxito escolar y la probabilidad de continuar estudios. Ésta evaluada mediante un cuestionario especial.

Ejercicio 8
Se ha comprobado que ni los castigos físicos, ni las amenazas de privación de gustos o satisfactores tienen un efecto en disminuir las conductas inapropiadas. Por el contrario, ellos contribuyen en algunos casos a aumentarlas.

4. Problemas de puntuación

La puntuación deficiente es uno de los problemas más comunes en la redacción de textos científicos, hace que el texto sea poco entendible y obliga al lector a hacer un esfuerzo extra para poder comprender el significado, el cual, algunas veces, es no solamente dudoso, sino distinto al que el autor quiere expresar.

La correcta puntuación enfatiza y separa ideas para que estas puedan ser asimiladas de forma correcta; además, ofrece pausas para una lectura más "cómoda".

A continuación, se presenta un texto con deficiencias de puntuación y su versión con la puntuación correcta:

Puntuación deficiente

Esta calidad se puede estudiar con base en dos perspectivas por una parte los resultados que obtienen los alumnos y por otra la eficacia de las acciones dirigidas a alcanzar la igualdad de oportunidades entre los alumnos esto es compensando las diferencias de partida y logrando que los alumnos de origen socioeconómico desfavorecido lleguen a conseguir buenos resultados educativos.

La ausencia de signos de puntuación en el párrafo anterior hace que la información que contiene sea difusa para el lector, ya que este tiene que hacer un esfuerzo adicional para identificar las ideas y separarlas unas de otras. Además, la falta de pausas adecuadas en el párrafo deja sin aliento a quien intenta leerlo.

Puntuación correcta

Esta calidad educativa se puede estudiar con base en dos perspectivas: por una parte, los resultados que obtienen los alumnos y, por otra, la eficacia de las acciones dirigidas a alcanzar la igualdad de oportunidades entre los alumnos; esto es, compensando las diferencias de partida y logrando que los alumnos de origen socioeconómico desfavorecido lleguen a conseguir buenos resultados educativos.

En contraste, otro problema común es el exceso de puntuación, lo cual hace la lectura lenta y monótona. Una puntuación excesiva incluso puede afectar el significado de la oración, tal como en el párrafo siguiente:

> *Se observaron, algunos signos, en los individuos monitoreados, que pudieran ser considerados, como síntomas de enfermedades, propias de regiones de Asia; sin embargo, éstos son, reportados por varios autores, para ciertas poblaciones, del hemisferio occidental.*

El exceso de puntuación es tan malo como la ausencia de esta. En el último caso, el exceso de comas en el párrafo provoca que la lectura sea lenta, entrecortada y discontinua. Lo correcto sería escribirlo de la manera siguiente, utilizando solamente una coma y un punto en los lugares adecuados:

> *Se observaron algunos signos en los individuos monitoreados que pudieran ser considerados como síntomas de enfermedades propias de regiones de Asia. Sin embargo, estos signos son reportados por varios autores para ciertas poblaciones del hemisferio occidental.*

A continuación, se detallan algunas características de los principales signos de puntuación y se indica dónde y cuándo usarlos.

La Coma [,]

Se usa para hacer una pausa breve y para separar elementos en una lista, por ejemplo:

La supervivencia, el crecimiento, la biomasa y el factor de conversión alimenticia, se consideran los principales parámetros de producción animal.

En español e inglés británico no se coloca coma antes de la "y" que precede al último elemento de una lista, pero en el inglés norteamericano sí. En castellano el uso de la coma antes de la conjunción **"y"** puede ser necesario en ciertas situaciones, para ordenar la idea y facilitar su comprensión

También se usa la coma para intercalar partes en la oración, por ejemplo:

La incidencia de cáncer en el noroeste de México, contrariamente a lo que sucede en el centro y sur, no ha presentado un aumento considerable en la última década.

En algunos casos, una simple coma puede cambiar radicalmente el sentido de una frase u oración. Es radicalmente diferente escribir:

"Vamos a comer niños",

que escribir:

"Vamos a comer, niños".

Una sola coma hace la diferencia.

El Punto y Coma [;]

Se utiliza para hacer una pausa más prolongada y para separar elementos de una lista que ya contiene comas. Por ejemplo:

Entre las causas más comunes del bajo rendimiento se pueden mencionar: la situación económica, la alimentación y la salud; por otro lado, los antecedentes académicos, disciplinarios, etcétera.

También se utiliza para vincular partes de la oración que podrían ser oraciones independientes. Por ejemplo:

No se observaron diferencias significativas entre los tratamientos; tampoco hubo diferencias entre pacientes hombres y mujeres.

Por último, puede ser de utilidad para marcar un contraste o un giro en el argumento o idea que se presenta. Por ejemplo:

Los resultados muestran que el antioxidante en cuestión también mejora la resistencia a las enfermedades; sin embargo, resultados obtenidos en modelos murinos muestran lo contrario.

Los Dos Puntos [:]

Son principalmente utilizados para iniciar una lista, para introducir alguna frase relevante o alguna ecuación. Por ejemplo:

A continuación, se detallan algunas características de esta substancia: color ámbar, consistencia gelatinosa, sabor agridulce y olor picante.

Es importante establecer que los dos puntos no deben separar al verbo de su predicado. Es incorrecto escribir del a siguiente forma:

Los aspectos más destacados de este tipo de individuos son: actitudes prepotentes, vociferación, negativismo.

Lo correcto es:

Los aspectos más destacados de este tipo de individuos son actitudes prepotentes, vociferación, negativismo.

Los dos puntos son también utilizados para introducir una cita textual. Por ejemplo:

Jones (2009) afirmó que: altos niveles de glucosa y cortisol en la sangre, pueden ser indicadores de estrés.

Punto y Seguido [. →]

Se utiliza para separar oraciones dentro de un párrafo que están relacionadas al mismo asunto. Las oraciones después del punto y seguido pueden ampliar, reafirmar o contrastar la información de la oración anterior. En conclusión, todas las oraciones separadas por punto y seguido dentro de un mismo párrafo giran alrededor de la idea central de este. Por ejemplo:

Este trabajo se enmarca en la línea de investigación económica sobre evaluaciones de intervenciones educativas consistentes en clases de apoyo o refuerzo. Este tipo de políticas dirigidas a estudiantes con bajo rendimiento educativo son difíciles de evaluar, principalmente debido a la probable elección muestral de los alumnos participantes. En este sentido, el sistema de evaluación debe ser replanteado considerando este sesgo.

El párrafo anterior presenta tres enunciados con información distinta, pero que gira alrededor de una idea central: la evaluación de estudiantes.

Punto y Aparte [. ↓]

Sirve para separar párrafos que tratan de otro aspecto o asunto, aunque dentro de un mismo tema. Por ejemplo:

> *El tipo alimento que consumen los jóvenes estudiantes es importante. Marconi et al. (1999), reportaron que alimentos balanceados se traducen en mejores resultados de comprensión.*
>
> *La cantidad de alimento es otro aspecto de importancia, tal como lo demuestran los estudios de Soto y Guerrero (1991).*

Las Comillas [“”]

Se usan para identificar un texto copiado literalmente. Por ejemplo: *“Dejad a los niños que vengan a mí”.*

También, se usan para indicar reserva o algún término o afirmación que aún no ha sido plenamente demostrada. Por ejemplo: *La “inteligencia” de los delfines...*

Pueden ser empleadas para dar énfasis a una palabra. Ejemplo: *La palabra “servidumbre” no aparece en los textos más antiguos.*

Los Paréntesis [()]

El paréntesis es un signo ortográfico doble (compuesto por dos signos simples, uno de apertura y otro de cierre) que aparece acotando una oración que se intercala en otra con la que está relacionada, o en expresiones matemáticas. También, se puede usar para poner una abreviatura después de ser definida. Por ejemplo:

> *El Plan de Refuerzo, Orientación y Apoyo* (*también conocido como Plan Educativo 2021*), *se divide en dos modalidades: el Programa de Acompañamiento Escolar* (*PAE*) *y el Programa de Apoyo y Refuerzo* (*PAR*).

La barra oblicua [/]

La barra oblicua se utiliza en construcciones informales como su/sus o relación alimento/biomasa; aunque no es recomendable en la redacción científica. Su/sus debe escribirse su o sus y relación alimento/biomasa debe escribirse relación alimento biomasa.

El uso de la construcción y/o (and/or) está en discusión; algunas personas e incluso la Academia de la Lengua, la justifican para expresar dos o más alternativas o posibilidades.

5. Problemas de ortografía

La ortografía es la parte de la gramática que se encarga del adecuado uso de las palabras y su correcta escritura.

Los errores de ortografía más comunes que se comenten al redactar un documento de cualquier tipo son: el error tipográfico, que ocurre al presionar equivocadamente una tecla; el uso de un vocablo similar, pero con significado diferente al que se quiere expresar, y la falta de acentuación.

El procesador de texto ayuda a evitar los errores tipográficos, ya que detecta palabras que no existen, pero no resulta útil cuando se escribe una palabra que sí existe en el diccionario, pero que no es la palabra correcta para expresar lo que se pretende. Por ejemplo:

Bajo las condiciones del estudio, la situación social no "tubo" un efecto significativo, "aún" cuando se "hallan" registrado algunos resultados menores.

En este caso las palabras "tubo", "aún" y "hallan", no serán indicadas en rojo por el procesador. Si acaso serán subrayadas en azul para indicar al redactor que pudieran ser palabras inadecuadas. Sin embargo, identificar todos estos detalles en textos muy largos se vuelve una tarea absorbente y complicada.

La acentuación incorrecta es también uno de los errores más comunes en la redacción en castellano. El corrector del procesador identifica y subraya en rojo las palabras mal acentuadas cuando no existen en el idioma. Por ejemplo, si se escribe "crecímiento" en lugar de "crecimiento", es seguro que se indicará el error; pero si la palabra existe con o sin acento, la subrayará en azul para indicar un posible error al redactor; por ejemplo, cuando se escribe "esta" en lugar de "está".

Todo esto podría parecer un poco tedioso, pero es de crucial importancia tomarse con seriedad la ortografía del trabajo que se pretende publicar. Un trabajo con mala ortografía predispone de manera negativa a los revisores, ya que, aunque estos deben considerar mayormente la calidad de la investigación o del tema presentado, subconscientemente comienzan a dudar del cuidado con el que se hizo el trabajo. El argumento es que, si los autores no cuidaron de detalles como la buena redacción y ortografía del trabajo, es entonces posible que tampoco lo hayan hecho en otros aspectos importantes del estudio. Una cosa lleva a la otra.

Escritura redundante

Es muy común en la conversación cotidiana escuchar expresiones como: entrar para dentro, subir para arriba, bajar para abajo, etcétera. En la redacción científica estas expresiones redundantes son inaceptables y, obviamente, no las encontraremos en un texto. Sin embargo, existen errores similares que no resultan tan evidentes. Por ejemplo:

Los coeficientes presentaron diferencias estadísticamente significativas.

La expresión "estadísticamente significativas" es redundante, pues al hablar de diferencias significativas se entiende que se llevó a cabo un análisis estadístico. Algunas revistas permiten el uso para enfatizar el hecho, aunque continúa siendo incorrecto. Lo correcto entonces sería mencionar "diferencias estadísticas" o "diferencias significativas". Incluso, hay quienes argumentan que una vez establecidos los parámetros que definen lo que es una diferencia estadística, es innecesario especificar que es significativa.

A continuación, se presentan dos enunciados con problemas de escritura redundante y sus correspondientes contrapartes correctas:

Enunciados incorrectos

1. *Los hechos fueron corroborados por un testigo presencial que estuvo en el lugar del accidente.*
2. *El estudio fue repetido nuevamente con otro grupo de estudiantes.*

Enunciados correctos

1. **Los hechos fueron corroborados por un testigo.**
2. **El estudio fue repetido con otro grupo de estudiantes.**

Verbosidad o Verborrea

Este término se refiere al uso excesivo de palabras para comunicar una idea. Este es un vicio común del lenguaje oral que puede afectar la claridad, precisión y sobre todo la brevedad del escrito. No se deben utilizar más palabras de las necesarias para expresar una idea. Por ejemplo:

> *La mayoría de los padres consultados durante la realización del presente estudio, manifestaron de manera contundente a los encuestadores, no dedicar más de una hora diaria para ayudar a sus hijos con las tareas escolares que les son asignadas por los respectivos maestros.*

A primera vista, no hay un problema de comunicación en el párrafo anterior, ya que la idea parece ser clara para el lector. Sin embargo, es un párrafo lleno de frases de peso muerto e información irrelevante. Esto pudiera no parecer un gran problema en un párrafo de cuatro o cinco líneas; pero imagine este error repetido párrafo tras párrafo en un escrito de 30 o 50 páginas (incluso más de 100 en el caso de las tesis y los libros). Innecesariamente, el lector tiene que hojear y analizar muchas páginas adicionales, para obtener la misma información que obtendría en un escrito con menos verborrea. Por ejemplo, la misma idea del ejemplo anterior se expresa con mucho menos palabras:

> *La mayoría de los padres manifestaron no dedicar más de una hora para ayudar a sus hijos con las tareas escolares.*

Es decir, la misma idea que se expuso en el primer párrafo utilizando 43 palabras, se puede escribir utilizando solo 21, sin sacrificar información relevante.

Analicemos otro ejemplo de una forma más visual. Considere el siguiente párrafo, el cual, a primera vista, está bien escrito:

Este manuscrito provee una revisión de los principios básicos para el diseño de estudios de la biología del cáncer, utilizando como ejemplos estudios que ilustran los retos metodológicos, así como aquellos que han demostrado soluciones exitosas a las dificultades inherentes en la investigación biológica.

Ahora, hagamos un análisis breve pero ilustrativo, identificando frases de peso muerto que no aportan mucho al lector, pero sí le quitan tiempo al tener que leer de más.

La palabra provee una revisión, puede simplificarse con la frase: "Este manuscrito revisa, analiza, discute, etc..."

Ambas palabras tienen la misma connotación, por lo que puede eliminarse la palabra "básicos"

EJEMPLO:

Este manuscrito provee una revisión de los principios básicos para el diseño de estudios de la biología del cáncer, utilizando como ejemplos estudios que ilustran los retos metodológicos, así como aquellos que han demostrado soluciones exitosas a las dificultades inherentes en la investigación biológica.

Es casi obvio que los ejemplos que se van a revisar son estudios previos, de otra manera el análisis no tendría validez

Aunque parece una buena frase, en este punto ya sabemos que se trata de dificultades en el diseño de estudios de cáncer

Al ser una solución, implica que es exitosa. De lo contrario, no es una solución

Eliminando estas frases y buscando un camino más corto, la idea podría ser redactada de la siguiente manera:

Este manuscrito revisa el diseño de estudios de cáncer, utilizando ejemplos que ilustran retos y soluciones.

Si usted intenta ampliar su texto agregando información o términos irrelevantes pensando que un texto más largo parecerá científicamente más robusto, está equivocado. Por el contrario, la calidad de su texto empeorará y será difícil que alcance una buena nota por parte de los evaluadores, a quienes hará leer de más para poder comprender su trabajo.

Vocabulario rebuscado

No es necesario usar términos sofisticados para comunicar algo que se puede expresar con un vocablo común.

Al usar sinónimos, asegúrese que sean los más sencillos y apropiados; para ello, use diccionarios enciclopédicos, diccionarios de sinónimos y antónimos, tesauros, glosarios o acudir al procesador de textos. Utilizar el término más rebuscado posible solo manifestará su intención de impresionar a los lectores o revisores. Y detrás de eso, su inseguridad. Por ejemplo:

> *La concomitancia entre las calificaciones obtenidas y los índices de nutrición de los infantes, ilustra y dilucida que existe una correlación positiva entre ambos parámetros.*

Se puede escribir de manera más sencilla y menos rebuscada de la siguiente manera:

> *Se observó una correlación directa entre calificaciones e índices de nutrición de los niños.*

Si bien existen colegas académicos con la capacidad de escribir textos de una manera elegante y sin parecer rebuscados, la mayoría no cuenta con esa virtud. Recuerde que el objetivo principal al escribir un texto no es que le aplaudan por su "bello léxico", sino transmitir a otros de manera efectiva el conocimiento que ha generado o el tema que desea traer a discusión.

Vocablos Latinos

Se puede llegar a tener problemas con el uso inadecuado de vocablos latinos en el escrito; particularmente cuando no se usa el vocablo correcto o cuando hay un exceso de estos.

Hay vocablos latinos que son utilizados y permitidos: *a posteriori* (después), *a priori* (antes), *ad initio* (al comienzo), *ad libitum* (al gusto, libremente), *de facto* (de hecho), *de novo* (nuevamente), *ex situ* (fuera del lugar), *in situ* (en el lugar), *in toto* (totalmente), *in vivo* (en el organismo, en vivo), *in vitro* (en el laboratorio), *ut supra* (ver arriba), *vide infra* (ver abajo).

Utilice los vocablos como una herramienta para manifestar de mejor manera aquello que desea y no para complicar la lectura. Algunos vocablos expresan ideas de una manera rápida, sin necesidad de mayores explicaciones.

Longitud de las oraciones

Oraciones muy largas no son recomendables, ya que el lector puede llegar a confundirse al tener que relacionar algo que se dijo al principio de la oración, con lo que se escribió al final de ésta.

Se recomienda que las oraciones no excedan las 30 palabras; aunque pudieran ser un poco más largas si están escritas con los signos de puntuación adecuados. También, es recomendable alternar oraciones cortas con oraciones largas para hacer el texto menos monótono.

Ejemplo de oración muy larga:

> *La complejidad que la globalización ha impreso a las relaciones entre los países y las personas, entre el Norte rico y el Sur pobre y la actual crisis ecológica, hace urgente la tarea de explorar nuevas alternativas, los problemas ambientales se presentan tanto en el nivel nacional como en el internacional, sin que se puedan resolver a causa de que los intereses de pocos están antepuestos a las necesidades de todos.*

Sería más adecuado dividir el texto en dos oraciones que expresan dos ideas relacionadas con el mismo tema. Por ejemplo:

> *La complejidad que la globalización ha impreso a las relaciones entre los países y las personas, entre el Norte rico y el Sur pobre, y la actual crisis ecológica, hace urgente la tarea de explorar nuevas alternativas.*
> *Los problemas ambientales se presentan tanto en el nivel nacional como en el internacional, sin que se puedan resolver, a causa de que los intereses de pocos están antepuestos a las necesidades de todos.*

Extensión y estructura de párrafos

Al igual que la extensión de las oraciones, la extensión de los párrafos que componen un escrito es importante. Se recomiendan párrafos con una extensión de 7 a 14 líneas, así como alternar párrafos de esa longitud con párrafos más cortos (3-6 líneas) y más largos (15-20 líneas).

Una serie de párrafos cortos, así como una seguidilla de oraciones cortas, dan demasiadas señales de alto y una lectura poco agradable, dejando la sensación de un avance lento y sinuoso. Por el contrario, un párrafo excesivamente largo, de casi toda una página, resulta abrumador, poco atractivo y claro para el lector.

Si bien no se pretende que el lector esté midiendo las palabras de cada oración y las líneas de cada párrafo que escribe, se recomienda que al menos cada cuartilla tenga tres o cuatro párrafos a doble espacio con una fuente de tamaño 12.

En cuanto a su estructura, los párrafos generalmente se componen por una idea principal, ideas secundarias y conclusión; a estos se les conoce como párrafos tipo hamburguesa. La idea principal se encuentra al inicio del párrafo y da sentido al texto. Después están las ideas secundarias que amplían y complementan la idea principal (ejemplifican, detallan, comparan, discuten). Finalmente, viene la conclusión, que puede ser un comentario global, una recapitulación de la idea principal. En otros casos, el final de un párrafo puede conectar con la idea del siguiente.

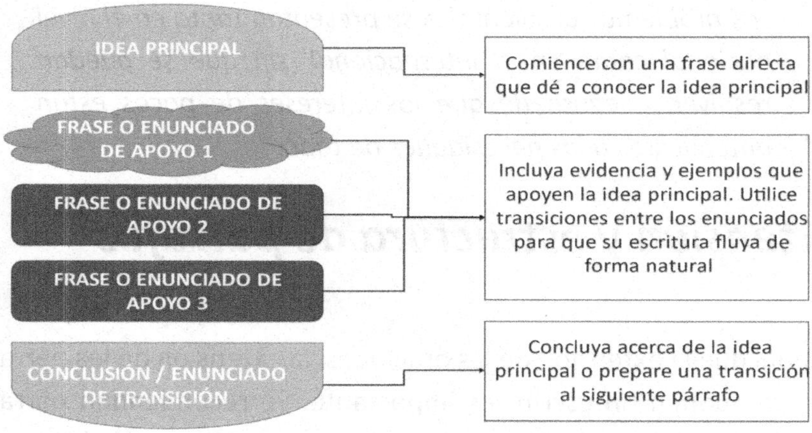
IDEA PRINCIPAL
FRASE O ENUNCIADO DE APOYO 1
FRASE O ENUNCIADO DE APOYO 2
FRASE O ENUNCIADO DE APOYO 3
CONCLUSIÓN / ENUNCIADO DE TRANSICIÓN
Comience con una frase directa que dé a conocer la idea principal
Incluya evidencia y ejemplos que apoyen la idea principal. Utilice transiciones entre los enunciados para que su escritura fluya de forma natural
Concluya acerca de la idea principal o prepare una transición al siguiente párrafo

Uso de abreviaturas

Las abreviaturas son una herramienta útil, ya que ahorran espacio y aligeran la lectura. Sin embargo, se debe tener cuidado en su uso, ya que pueden confundir al lector, sobre todo cuando su significado no está claro.

Existen guías para el uso correcto de abreviaturas (Arnost, 1999; https://blog.apastyle.org/apastyle/abbreviations/).

Algunas sugerencias para el adecuado uso de las abreviaturas son las siguientes:

- × No usar abreviaturas en el título ni en el resumen.
- × No abreviar términos cortos.
- × No abreviar términos que se usarán pocas veces.

× No inventar abreviaturas.

× No comenzar las oraciones con abreviaturas. Por ejemplo: *D. melanogaster* presentó los mejores crecimientos a temperaturas de 25°C. Lo correcto es: *Drosophila melanogaster* presentó...

× No comenzar las oraciones con números. Por ejemplo: 19 pacientes resultaron positivos para COVID. Lo correcto es: Diecinueve pacientes resultaron positivos para COVID.

✓ Para definir una abreviatura se escribe el término completo la primera vez que se usa junto con la abreviatura entre paréntesis.

✓ Las unidades de medida se abreviarán solo cuando están precedidas de dígitos, pero no cuando son sustantivos. Es correcto escribir: *El peso promedio en el tratamiento 1 fue de 12.34 g*, pero es incorrecto redactar: *El peso, expresado en g fue de 12.34*.

✓ En el texto, se deben representar los números con palabras cuando se componen de un solo dígito, pero es necesario hacerlo con dígitos cuando un número en la oración es mayor a “9” o mayor a un dígito (a menos que sea la palabra con la que se inicia una oración).

✓ Se deben representar los números con dígitos cuando están acompañados por unidades de medida (4 g, 18 m) y cuando se usan para expresar horas y fechas.

✓ Es necesario abreviar los nombres de los géneros después de usarlos por primera vez.

✓ Si se abrevian las fechas, debe hacerse de manera correcta. Existe diferencia entre castellano e inglés.

✓ La hora puede ser expresada de acuerdo con la revista de las siguientes maneras: 0800 o bien 08:00.

✓ Se debe seguir el sistema internacional de medidas Sistema Internacional (SI) para abreviar las unidades de medida.

Redondeo de cifras

Cuando se van a reportar datos numéricos en el texto a veces es necesario redondearlos, sobre todo cuando tienen un excesivo número de dígitos después del punto decimal.

Cuando los dos primeros dígitos a eliminar son menores a 50, el dígito anterior no cambia. Por ejemplo, 2.3449 se redondea 2.34.

Si la cifra es mayor a 50, se añadirá 1 al último, por lo que un valor de 6.7851 se redondearía a 6.79.

Si son exactamente 50, se añadirá 1 al último dígito si éste es impar y se dejará igual si es par. Por ejemplo, 9.8150 se redondea 9.82. En cambio 9.8250 se redondea 9.82.

La exactitud óptima de la cifra redondeada dependerá del tamaño de la muestra, la amplitud de la variación, la naturaleza del objeto medido y la importancia de la precisión.

Si se redondea el promedio de casos de diabetes en 100 individuos, no tiene caso redondear a milésimas, es suficiente con un decimal, por ejemplo 1.5%. Si se redondea el tamaño promedio de una muestra de 5000 microorganismos, hay que ir hasta milésimas de milímetro, tanto por el tamaño de la muestra como por el tamaño de los organismos. Si se va a redondear el promedio de la salinidad del agua marina de una granja acuícola en partes por millón (ppm), sería suficiente con hacerlo hasta décimas, ya que una centésima de ppm es insignificante para el desarrollo adecuado del organismo. Sin embargo, si debemos redondear la salinidad en un muestreo oceanográfico de masas de agua, sería necesario hacerlo hasta milésimas, ya que, en este caso, una milésima de ppm es significativa para distinguir una masa de agua de otra.

Negación doble

Una práctica de uso común en el lenguaje cotidiano es la negación doble. Aunque no afecte el significado final de la frase, se debe evitar en la redacción científica, ya que la expresión positiva es más precisa, clara y concisa.

Incorrecto
No se presentaron en ninguno de los tratamientos signos de enfermedades.

Correcto
Ningún tratamiento presentó signos de enfermedades.

Incorrecto
Nadie presentó ninguna queja.

Correcto
Nadie presentó alguna queja.

Exceso de citas

Un documento científico debe ser conciso para ahorrar tiempo al lector y espacio a la revista. Sólo se deben citar las referencias realmente necesarias, pertinentes y directamente relacionadas al tema. En la medida de lo posible, se recomienda utilizar citas recientes, es decir, de menos de cinco años de antigüedad. Sin embargo, hay estudios en cada área del conocimiento que han sido disruptivos y vale la pena mencionarlos, aunque hayan pasado décadas.

Por otro lado, es importante que el trabajo no parezca más enfocado en lo que otros publicaron que en los resultados que están dando a conocer los autores. Lamentablemente hay discusiones que se desvían, presentando los interesantes resultados de otros autores y dejando de lado el análisis de los propios. Seleccione solo mas mejores citas para apoyar o contrastar su investigación y argumentos.

Algunas sugerencias para las citas:

× No respaldar una aseveración con más de tres citas.

× No respaldar aseveraciones que son del dominio público y que todo lector conoce. Por ejemplo: *El oxígeno es indispensable para la mayoría de los organismos vivos (Williams, 1967; Henderson, 1950; Harmon, 1939; Carl, 1975).*

× No citar repetidamente el mismo artículo. En este caso, es mejor sustituir algunas citas repetidas por las abreviaturas op. cit. (en la obra citada) o loc. cit. (en el lugar citado).

× No citar documentos que no se hayan leído previamente. Lamentablemente es una práctica común "copiar" citas de otras publicaciones y evitar el esfuerzo de leer la publicación.

× No citar documentos de procedencia cuestionable. No todos los documentos publicados fueron sometidos al escrutinio de colegas expertos y por lo tanto la información que se presenta es dudosa.

× No utilizar demasiadas auto citas (citas tipo B). Aunque es permitido citar trabajos propios, debe evitarse caer en excesos, de tal forma que el documento parezca un homenaje al trabajo previo de los autores.

✓ El uso de citas debe ofrecer un soporte académico al trabajo y no solamente usarse para demostrar que otros concuerdan con lo que el autor quiere decir. En este sentido, es necesario evitar utilizar solamente aquellas referencias que "le convienen" al autor.

Manipulación y Justificación excesivas

A veces, los resultados obtenidos no concuerdan con las hipótesis planteadas y entonces, es común tratar de explicarlos y justificarlos. Sin embargo, si la aproximación metodológica fue la correcta, considere que sus datos continúan siendo resultados válidos y es la hipótesis nula la que ha sido validada.

Evite caer en una excesiva manipulación de los resultados para tratar de justificarlos o "hacerlos encajar" en lo que usted esperaba. A veces, es necesario decir simplemente que los resultados fueron diferentes a los que se esperaba y, si es posible, dar algunos argumentos válidos para ello. Un antibiótico o una vacuna en desarrollo no funcionarán solamente porque el científico desea que así sea. Los datos "hablan" y es necesario ser responsable al momento de interpretarlos.

Existen, sin embargo, algunos casos cuando se obtienen resultados atípicos o datos extremos. Por ejemplo, supongamos que se han registrado los siguientes valores:

9, 12, 15, 15, 8, 9, 7, 9, 11, 19, 100, 14, 13, 14, 13, 9, 8

Al ordenarlos resulta notoria la presencia de un valor atípico:

7, 8, 8, 9, 9, 9, 9, 11, 12, 13, 13, 14, 14, 15, 15, 19, **100**

La presencia de este valor "arrastra" el promedio del resto de los datos de 11.6 hasta 16.8. En este caso es muy evidente que el valor atípico afecta el análisis de los datos y posiblemente las conclusiones del estudio. Para ello, podría aplicarse el criterio de la "media recortada", en donde se elimina un porcentaje de valores atípicos (recomendable 10-20%) y se calcula la media aritmética de las observaciones restantes.

La pregunta entonces es: ¿Cuándo se puede considerar que un valor es extremo?. La respuesta sería: cuando un valor cae por encima o por debajo de dos desviaciones estándar de la media del resto de los datos. Sin embargo, cada caso podría requerir un criterio distinto y por ello, es recomendable consultarlo en libros de estadística o con expertos en el tema.

Anglicismos

El uso de anglicismos solamente se justifica cuando se trata de vocablos que no tienen equivalencia en nuestro idioma, pero de ninguna manera cuando se sustituyen palabras válidas para el español por su equivalente del idioma inglés (o de otro).

Algunas palabras son anglicismos cuando se usan con un significado particular. Por ejemplo:

> *aplicar (por solicitar), atender (por asistir), comando (por orden), nominar (por dar nombre), salvar (por guardar), tópico (por tema)*, **etcétera.**

Contracciones

En el inglés informal es válido el uso de contracciones o abreviaturas verbales tales como can't, won't, don't. En el inglés formal se deben usar can not, will not, do not. El apóstrofe es permitido en la formación de adjetivos posesivos (Dolphin's lenguage, Newton's theory, Engels's doctrine).

En el castellano, existen ciertos tipos de contracciones en la comunicación informal; sin embargo, estas son inaceptables en cualquier tipo de documento, incluso en aquellos que no son científicos.

CAPÍTULO 4.
EL ARTÍCULO CIENTÍFICO ORIGINAL

Como ya fue mencionado, el artículo científico original es un documento que presenta por primera vez los resultados de una investigación original por parte del autor o autores. Éste deberá ser sometido ante el riguroso escrutinio por parte de los editores de la revista y de los expertos en el tema que participarán como revisores. Por ello, tanto la calidad de los resultados como la forma en que estos se presenten es de crucial importancia.

En esta sección, mencionaremos las partes que conforman un artículo científico, proporcionando algunos elementos que pudieran ser de ayuda para mejorar la calidad de sus artículos o reportes científicos en términos de redacción y contenido.

Aunque puede haber pequeñas variaciones en el formato dependiendo de la revista, en términos generales los artículos científicos están conformados por las secciones que se mencionan y explican a continuación:

Título

Es una parte muy importante del artículo científico; da una primera idea general sobre el contenido del trabajo y será lo único que se podrá ver del documento en fichas bibliográficas, citas, índices bibliográficos, bases electrónicas de datos, etcétera.

Debe ser suficientemente informativo de lo que trata el documento; es decir, ser fiel al contenido y no decir más, ni menos de lo que abarca el artículo. Por ello, es importante ser muy cuidadoso en seleccionar las palabras clave y ligarlas de la mejor manera posible en un enunciado breve, claro y preciso.

En términos generales, podemos encontrar dos tipos de títulos en los artículos científicos:

Descriptivo: Da cuenta del tipo de investigación y su objetivo. Es el que se utiliza mayormente en revistas especializadas o "journals". Por ejemplo:

Metagenómica de las comunidades microbianas en la bilis de pacientes con cáncer de vesícula biliar o colelitiasis

Informativo: Menciona brevemente el resultado más sobresaliente de la investigación. Se utiliza mayormente en revistas de divulgación, aunque su uso es cada vez más común y recomendado en revistas especializadas. Ejemplo:

Alta incidencia de cáncer de mama en poblaciones rurales de la sierra potosina

Durante el desarrollo de un título adecuado para nuestro artículo científico, es necesario seleccionar las palabras adecuadas y ordenarlas lógicamente para informar al lector a cerca del contenido general del documento. La longitud del título debe guardar relación con la cantidad de información del artículo. Sin embargo, no debe ser excesivamente largo, ni excesivamente corto, sino contener las palabras necesarias para su propósito. Es recomendable que el título no exceda de las 20 palabras.

Un título excesivamente largo sería, por ejemplo:

Evaluación del efecto de los niveles de proteína incluida en el alimento, sobre la actividad neuronal y capacidad de retención de estudiantes de nivel primaria de varias comunidades del sector rural del estado de Michoacán, México

Este título cuenta con 36 palabras, es casi un resumen pequeño o hasta podría considerarse como un párrafo corto de alguna sección del artículo. En cambio, un título demasiado corto sería:

Proteína y actividad neuronal

Este título parece más bien adecuado para un libro o capítulo de libro en donde se explicará ampliamente la relación entre proteína y actividad neuronal, pero no provee información suficiente como para tener una idea de lo que trató el estudio. Sin embargo, es inadecuado para un artículo científico.

Un título adecuado para este caso pudiera ser:

Participación de la proteína dietaria en la actividad neuronal y capacidad de retención en estudiantes de nivel primaria

En la medida de lo posible, evite comenzar el título con palabras como "Efecto, Evaluación, Estudio, Aproximación, Monitoreo". Este tipo de palabras son más adecuadas en documentos como las tesis, ya que es un proyecto que primero se plantea y no se conocen los resultados que se van a obtener. Mientras que, al escribir un artículo científico, usted ya conoce los resultados y, por lo tanto, puede escribir in título a través del cual dé a conocer el desenlace de su investigación. Eso hará que más lectores seleccionen su artículo entre muchos otros del mismo tema. Por ejemplo, un título como el siguiente resulta monótono, "gris" y poco interesante:

Estudio de la toxicidad específica de nanopartículas de zinc sobre células y determinación del mecanismo toxicidad para su utilidad potencial en aplicaciones biomédicas

El tema de estudio lo tiene todo, es relevante desde el punto de vista médico y científico, incluso con un posible aporte social, pero no se percibe así porque está representado por un mal título. Por suerte, los autores de este artículo decidieron escribir uno con base en los resultados obtenidos.

Eliminación preferencial de células cancerosas y células T humanas activadas, utilizando nanopartículas de ZnO

Es importante recalcar que los artículos con títulos cortos y redactados en sentido afirmativo son más citados que aquellos con títulos "genéricos" y largos.

A continuación de describe de manera general una investigación para que se le diseñe un título adecuado, el cual se presenta al final del libro.

Ejercicio 9

Se llevó a cabo una investigación para evaluar el efecto de la alimentación temprana en el desarrollo corporal (talla y peso) y en el desarrollo cerebral (coeficiente intelectual) de niños provenientes de familias de diferentes niveles económicos. Se realizaron encuestas y entrevistas con los padres de una población de 120 niños (40 de nivel económico bajo, 40 de nivel medio y 40 de nivel alto) para conocer la alimentación proporcionada a sus niños desde los 6 meses a los 10 años. Se hicieron biometrías (peso y talla) a cada uno de los niños. Se realizaron pruebas psicométricas para evaluar la capacidad de retención. Los resultados mostraron que los niños que recibieron una mejor alimentación temprana presentaron un mejor desarrollo, tanto físico como intelectual.

Nombre del Autor o Autores

Es importante que el artículo científico especifique en forma clara el nombre del autor o los autores de la investigación que se reporta, así como su dirección postal y electrónica, de tal forma que, si el lector tiene alguna duda, aclaración o simplemente se interese por más información, pueda contactarlo(s).

El primer autor es normalmente aquél que más contribuyó al desarrollo de la investigación y quien redactó el borrador del artículo. El autor de correspondencia (corresponding author) es aquél que concibió la idea o la investigación, guio al equipo de trabajo y, además, está en contacto con el editor para las modificaciones del manuscrito sugeridas por los revisores. Los demás autores (coautores, autores secundarios o junior authors) pueden colocarse en orden según haya sido la relevancia de su participación o bien, por orden alfabético o simplemente al azar.

Actualmente, algunas revistas solicitan que se especifique cuáles fueron las actividades o contribuciones específicas de cada autor. Evite incluir autores que no tuvieron una participación determinante en el documento, ya que esto constituye una falta de ética.

Dirección y Correo

Enseguida del nombre de autor o los autores, se debe colocar el de la institución o instituciones en donde se realizó la investigación y la dirección exacta de estas. Seguidamente, incluya el correo electrónico del autor de correspondencia (corresponding author). Sin embargo, esto dependerá del formato de cada revista. Por lo general las plataformas en línea de las revistas le solicitarán este tipo de datos paso a paso.

Resumen

Es una parte muy importante del artículo ya que, además del título, es lo único que leerá quien está en búsqueda de información en ciertas bases de datos y con base en esto, el lector puede decidir si obtiene o no el documento completo. Los resúmenes se publican solos en algunas obras de consulta que, precisamente, se llaman Resúmenes (Abstracts en inglés). Por ejemplo: ISI Web of Knowledge, Scientifical Abstracts, Chemical Abstracts, Latindex.

Pero, ¿Que debe contener el resumen?. En algunas revistas se pide una pequeña introducción a manera de contextualización del problema investigado:

> *El alimento y la alimentación son dos aspectos fundamentales en el cultivo de organismos acuáticos, incluyendo el camarón. Por lo tanto, las investigaciones enfocadas a evaluar los requerimientos nutricionales de los organismos cultivados son relevantes.*

Necesariamente debe informar sobre el tipo de investigación y el objetivo de ésta:

> *Se llevó a cabo una investigación experimental para evaluar el efecto del nivel proteico de la dieta en la respuesta productiva de camarón* **Litopenaeus vannamei.**

Cuando es pertinente, se debe mencionar el lugar en donde la investigación se llevó a cabo, así como el período que abarcó:

> *El estudio se llevó a cabo en una granja camaronícola comercial ubicada en la costa de Hermosillo, Sonora, durante la época de primavera de 2020.*

Se debe incluir información muy general sobre la metodología empleada:

Se trabajó en condiciones experimentales no controladas al exterior en piletas de cemento y sin recambio de agua, alimentando con dietas con diferente nivel de proteína (25, 30 y 35 %).

En los resúmenes descriptivos que son los más aceptados en las revistas científicas especializadas, deben incluirse solo los resultados más importantes:

El mayor crecimiento (8 g/sem) y el mejor factor de conversión alimenticia (FCA) se obtuvieron en el tratamiento con 35 % de proteína. No hubo diferencias entre los tratamientos respecto a la supervivencia.

Finalmente, el resumen debe declarar las conclusiones más sobresalientes del estudio:

Los resultados muestran que los camarones de esta especie requieren niveles de proteína en el alimento superiores al 30 %.

A continuación, se dan algunas sugerencias para la redacción de un buen resumen:

- ✓ En la mayoría de las revistas especializadas consiste en una sola pieza sin secciones. En otras se divide en varias secciones.
- ✓ Se redacta en tiempo pasado (se encontró, se observó, etcétera).
- ✓ Debe indicar claramente cuál fue el objetivo del trabajo.
- ✓ Por lo general contiene el nombre común y el nombre científico sin abreviar de las especies estudiadas.
- ✓ La conclusión del resumen debe dar respuesta a la hipótesis de la investigación.

✓ La gran mayoría de las revistas científicas requieren que el artículo científico tenga un resumen en inglés. La versión en español y la versión en inglés tienen que coincidir.
× No contiene citas bibliográficas.
× No contiene referencias a tablas o a figuras.
× No contiene siglas o abreviaturas.
× No puede exceder la longitud especificada por la revista.

Como una sugerencia de nuestra parte, considere escribir el resumen hasta el final; es decir, cuando tenga una versión definitiva del artículo. A lo largo del desarrollo del artículo algunas interpretaciones pueden cambiar, incluso puede haber correcciones por parte de los demás coautores y esto significaría tener que estar modificando el resumen reiteradamente. Además, la redacción del resumen se facilita cuando se contempla el trabajo completo y se lleva a cabo una selección de los resultados y conclusiones más representativas.

Introducción

Este apartado, como su nombre lo indica, tiene el propósito de introducir al lector sobre lo que fue la investigación, por qué y para qué se hizo, así como exponer las bases teóricas que la sustentaron.

En la mayoría de las revistas especializadas en ciencias naturales y fisicoquímicas, la introducción no está dividida en secciones. Sin embargo, en algunas de ellas, así como en la mayoría de las revistas en ciencias sociales, humanidades y de la educación, sí suele estar dividida en diversas secciones.

En la introducción deben estar incluidos tres elementos fundamentales: el estado actual del conocimiento sobre el tema investigado (marco teórico o antecedentes); la justificación e importancia de la investigación y el objetivo general del estudio.

En ocasiones es también pertinente describir algunos términos que pudieran resultar confusos o poco claros para el lector.

1. *Marco teórico*

En algunas revistas esto se incluye en una sección llamada ANTECEDENTES; sin embargo, en otras es la primera parte de la sección INTRODUCCIÓN. Se refiere al conocimiento previo que se tiene sobre el tema seleccionado y que sirve de base para contextualizar el problema a investigar. Esta información es obtenida con base a la revisión bibliográfica, búsquedas en Internet y experiencia del o los investigadores.

Es importante delimitar esta contextualización, ya que no es posible mencionar todo lo que se conoce del tema en un par de cuartillas. Tampoco se trata de demostrar qué tan amplios son los conocimientos que el autor tiene sobre el mismo. Solamente se requiere construir ideas claras acerca del tema de interés, citando aquellos aspectos considerados como relevantes para apoyar la investigación realizada.

Al configurar el marco teórico, es aconsejable comenzar de lo más general hasta desembocar en los detalles más particulares y relacionados con el aspecto específico de la investigación; piense en una pirámide invertida. De esta forma, se lleva "de la mano" al lector hasta el punto culminante en el cual puede apreciar claramente la necesidad de llevar a cabo dicha investigación, hasta llegar finalmente al objetivo.

Para el acopio de la información de la cual se conformará el marco teórico, se puede recurrir a diferentes tipos de documentos que se mencionan a continuación:

a. Obras de consulta

Las obras de consulta son aquéllas que dan una información muy general sobre el tema o bien, remiten al lector a otros documentos en donde la información ya se encuentra en forma más amplia. Entre las obras de consulta más importantes se encuentran:

Diccionarios

Se encargan de definir las palabras o vocablos correspondientes a un idioma o área del conocimiento. Los diccionarios especializados en ciertos campos del conocimiento se conocen también como glosarios.

Enciclopedias

Definen de manera un poco más detallada los temas correspondientes al conocimiento en general o a un campo específico. Actualmente existen enciclopedias electrónicas.

Directorios

Proporcionan direcciones y teléfonos de personas o instituciones de una localidad o de alguna rama, actividad o campo del conocimiento.

Índices

Se encargan de publicar periódicamente los títulos de artículos que aparecieron en revistas especializadas. Ejemplo: Latindex, Aquaculture Index, Current Context, Scopus.

Resúmenes (Abstracts)

A diferencia de los índices, no solo publican los títulos, sino que, como su nombre lo indica, también los resúmenes de artículos de revistas de su especialidad. Ejemplo: Biological Abstracts, Educational Abstracts, entre otros.

b. Textos de trabajo

Los textos de trabajo son aquellas obras que contienen la información amplia y específica que se está buscando. Éstos a su vez, pueden ser fuentes primarias y secundarias.

Fuentes primarias

Son obras originales que reportan por primera vez los resultados de la investigación llevada a cabo por el propio autor, como son los artículos científicos originales, las memorias de congresos y de reuniones científicas.

Fuentes secundarias

Son obras que conjuntan información original, revisión bibliográfica y opiniones del propio autor o de otros; por ejemplo, estudios recapitulativos o revisiones, artículos de divulgación, manuales, tratados, etcétera.

2. Justificación e importancia

Es muy relevante destacar la importancia del problema investigado, lo cual puede abordarse desde uno o varios de los siguientes aspectos:

Gravedad del problema

Cuando sea el caso, se debe recalcar que tan grave es el problema investigado y como ha repercutido o pudiera repercutir en el sector correspondiente de no atenderse de manera oportuna. Éste es el caso de la mayoría de las investigaciones realizadas en el área de la salud ya sea humana, animal o vegetal. Por ejemplo:

> *Aunque la prevalencia de desnutrición infantil en México ha disminuido en las últimas décadas, continúa siendo un grave problema de salud pública. En la década 2010-2020, se ha documentado que un alto porcentaje de niños han estado o están en condición de desnutrición crónica.*

Generalidad del problema

Muchas veces la importancia de la investigación está sustentada en el hecho de tratarse de un problema muy generalizado que abarca diferentes sectores, grupos, edades, áreas geográficas, especies, etcétera. En esto radicará gran parte de la justificación de la investigación. Por ejemplo:

> *Esta problemática se presenta no solamente en comunidades rurales y marginadas, sino en ciudades medianas y grandes del país...*

Originalidad de la investigación

Es importante recalcar que los resultados que se están documentando son originales del autor(es) y producto de la investigación realizada. Aunque seguramente existen estudios en este aspecto, se debe enfatizar la falta de información o datos para determinada condición, localidad, período, etcétera.

Ejemplo:

Se han desarrollado diversos estudios sobre la problemática del bajo aprendizaje y reprobación; sin embargo, estos han sido abordados desde una perspectiva distinta...

Si su investigación luce como la repetición de una anterior, tenga por seguro que los revisores se lo harán notar. Para que su trabajo luzca como una contribución original a la ciencia, trate de enfatizar aquello que la hace única.

Aplicabilidad

Es muy importante destacar en el documento la aplicabilidad actual o potencial de los resultados obtenidos o por obtener. Para las investigaciones aplicadas este pude ser el aspecto más relevante que enfatizar, ya que estas están precisamente enfocadas a obtener resultados de aplicación práctica a corto y mediano plazo. Es entonces necesario especificar cómo se van a aplicar los resultados y qué tanto van a impactar al sector correspondiente.

Ejemplo:

Los resultados obtenidos podrían servir de base para el diseño e implementación de programas sociales y gubernamentales de apoyo a la nutrición y educación de clases vulnerables, **... etcétera.**

Objetivos de la investigación

Por lo general, se enuncia el objetivo general al final de la introducción, con base en lo que se conoce y no se conoce del problema de investigación y en la importancia de conocer aquello que se ignora.

Antes de comenzar a escribir la introducción del artículo, establezca el objetivo. De esta manera, al redactar, usted sabrá hacia dónde debe dirigir su texto, disminuyendo el riesgo de divagar y perder tiempo construyendo párrafos que no le llevan al objetivo del artículo, para tener que borrarlos eventualmente y reescribir.

Ejemplo:

> *Con base en la evidencia presentada, este estudio tuvo como objetivo central evaluar el desempeño escolar de estudiantes de nivel secundaria, provenientes de familias de diferentes niveles socioeconómicos.*

Es altamente recomendable que la introducción de su artículo termine con el objetivo general de la investigación redactado de una forma directa; lo que dará pie a la siguiente sección, que es la metodología por medio de la cual se logró alcanzar dicho objetivo. No intente agregar elementos que corresponden a la metodología, a menos de que su investigación trate sobre el desarrollo o mejoramiento de una nueva técnica o proceso.

Materiales y Métodos

En algunas revistas se puede llamar Metodología, Procedimiento, Desarrollo, etcétera. En esta sección del artículo científico, se debe especificar cómo se obtuvieron los datos que se están reportando, incluyendo el tipo de investigación, diseño experimental (cuando se trata de investigaciones experimentales), métodos, técnicas, procedimientos, equipos, sustancias, materiales empleados, criterios y análisis estadístico.

Para el caso de artículos científicos muchas veces no es necesario describir totalmente las técnicas o procedimientos, particularmente cuando estos son conocidos en el ámbito científico; basta con mencionar el nombre de estos métodos y alguna referencia en donde se puedan consultar. En el caso de una tesis, pudiera ser recomendable una descripción más detallada.

En algunos estudios, será necesario describir y ubicar el área de muestreo, así como el período en el que se llevó a cabo la investigación, a veces incluyendo coordenadas. Algunas revistas requieren las marcas, modelos y ubicación del fabricante de los equipos utilizados.

En la parte final de esta sección, si es el caso, se deben especificar las pruebas estadísticas utilizadas para evaluar los resultados y cuando sea necesario justificarlas. Un experimento sin una estadística adecuada invalidará todas las conclusiones. Asegúrese que está utilizando el análisis estadístico correcto y evite que los revisores le señalen la necesidad de hacer nuevos análisis estadísticos, con la alta probabilidad de tener que reescribir una gran porción del manuscrito.

Finalmente, redacte la metodología de tal forma que otros puedan replicar su experimento. Si sus lectores no pueden reproducir el procedimiento que usted ha seguido con solo leer esta sección de su artículo, la metodología de su artículo está incompleta o mal explicada. Así que, de un paso atrás y reordene las ideas.

Una vez que haya terminado de redactar esta sección, léala con cuidado para verificar que no ha dejado cabos sueltos.

A continuación, algunas sugerencias útiles para redactar la sección de Material y Métodos:

- ✓ Si el caso lo requiere, deberá informarse cómo se obtuvieron los organismos experimentales y el nombre del especialista que los identificó.
- ✓ Cuando sea pertinente, confirmar que se cumplió con los reglamentos y las normas éticas aplicables a la investigación con seres humanos o al uso de vertebrados.
- ✓ Si la revista no lo exige, no es necesario especificar marcas comerciales ni modelos específicos si varios equipos pueden hacer lo mismo.

- ✓ Se recomienda usar nombres genéricos para los compuestos químicos si no hay diferencias importantes entre las marcas comerciales.
- ✓ Esta sección se redacta en tiempo pasado (se midió, se contó, se monitoreó, etcétera).
- ✓ Especificar cuándo una técnica fue modificada y la razón de hacerlo.
- ✓ Mencionar el fundamento de una técnica solo cuando sea muy novedosa y apenas comience a utilizarse por la comunidad científica.

Resultados

Esta podría ser considerada la parte medular del artículo científico, ya que es donde se dan a conocer los resultados empíricos obtenidos en la investigación realizada y, por lo tanto, contiene la información más relevante para el lector.

Existen diversas maneras de presentar los resultados y la elección de alguna de ellas dependerá principalmente del tipo de resultados que se tienen. Es factible utilizar más de una de estas maneras, siempre y cuando los mismos resultados no se presenten de dos formas distintas. Además, éstos deben enfocarse en dar respuesta a la hipótesis y a las preguntas de investigación planteadas en la introducción.

A continuación, se detallan y ejemplifican las diversas formas de presentación de resultados:

1. Presentación textual

Es la presentación de los resultados en forma de texto, el cual debe ser claro y preciso. Es un texto meramente descriptivo de los resultados, los cuales se presentan de una forma "plana", haciendo énfasis solo en aquellos datos sobresalientes o en los que den respuesta a la pregunta de investigación previamente planteada. Por ejemplo:

La mayoría de las plantas del grupo control presentaban problemas de infestación por estos parásitos; mientras que aquellas rociadas con el extracto de alga registraron un menor grado de infestación.

Un alto porcentaje (78%) de los estudiantes manifestaron no utilizar adecuadamente las tecnologías de la información y la comunicación.

A menos de que el formato de la revista lo solicite, no intente discutir los resultados aquí, para eso está la sección de "Discusión". Evite la tentación de comenzar a discutir, limítese a "redactar los hechos" y deje su opinión científica para la siguiente sección. Hay muchos lectores que primero quieren hacer su propio análisis de los datos, yendo directamente a los resultados antes de leer la interpretación del autor.

2. Presentación tabular

En este caso, los resultados se presentan en forma de tablas (arreglo de datos en filas y columnas). Esta forma es ideal para presentar datos numéricos que pueden agruparse en categorías generalmente representadas por las variables independientes y dependientes.

Es muy importante diseñar la tabla de tal forma que se le facilite al lector su comprensión mediante una comparación adecuada de las variables involucradas.

Cuando se tabula una sola variable independiente, el diseño de la tabla es muy sencillo, aun cuando haya distintas variables respuesta. Sin embargo, cuando la tabla involucra dos o más variables independientes, el diseño se complica y es necesario tener la habilidad de hacerlo de la mejor manera. Sin embargo, tablas demasiado grandes son inaceptables para un artículo y deberían presentarse en forma de figuras (de ser posible) o como material complementario o anexo de un artículo.

Ejemplo:

Tabla X. Variables productivas de camarón alimentado con tres niveles de proteína en la dieta.

Nivel de Proteína (%)	Crecimiento (g)	Sobrevivencia (%)	Biomasa final (g)	FCA
25	15.3	87.2	1260.7	1.25
30	16.2	86.4	1261.0	1.24
35	16.5	85.1	1259.9	1.26

Tabla X. Aprovechamiento y deserción de estudiantes de grados iniciales y finales de primaria y secundaria

Nivel Escolar	Grado Escolar	Promedio de aprovechamiento	Porcentaje de deserción
Primaria	Primero	7.8	3.2
	Sexto	8.1	1.2
Secundaria	Primero	8.0	1.8
	Tercero	8.3	0.9

Los elementos que debe contener una tabla son los siguientes:

- ✓ Número y título. Indica la posición de la tabla y explica su contenido.
- ✓ Nombre de las columnas. Indica la categoría o variable de cada columna.
- ✓ Nombre de las filas. Indica la categoría o variable de las filas.
- ✓ Cuerpo. Contiene los datos del experimento.
- ✓ Notas. Explican parte del contenido en la parte inferior de la tabla. Usualmente van en el pie de la tabla.

Algunas sugerencias para el mejor diseño de la tabla:

- ✓ No dejar espacios en blanco en el cuerpo de la tabla; éstos pueden indicar que no existen los datos o que los mismos se omitieron por error. Llenar los espacios con una raya y explicar su significado al final del título o en forma de una nota.
- ✓ No incluir filas o columnas que tienen los mismos datos a lo largo de toda la tabla.
- ✓ No repetir las unidades de medida en el cuerpo de la tabla.
- ✓ No incluir columnas de datos que pueden calcularse fácilmente de columnas adyacentes.
- ✓ Evitar las columnas de datos no significativos.
- ✓ Si los porcentajes deben sumar cien, asegurarse de que alcancen ese valor.
- ✓ Usar el mismo grado de precisión para todos los datos.
- ✓ Colocar el cero a la izquierda del punto decimal (0.5 en vez de .5).
- ✓ Alinear las columnas de números bajo el punto decimal.
- ✓ Intercambiar los encabezados de las filas y las columnas si la tabla queda muy ancha.
- ✓ En caso de ser necesario, el título deberá ir acompañado por una descripción adecuada del contenido de la tabla.
- ✓ Agrupar las tablas y colocarlas después de la literatura citada.
- ✓ Evitar el uso de tablas de colores a menos de que esto sea necesario.

3. Presentación gráfica

Consiste en presentar los resultados a manera de figuras o gráficas (gráficos). Ideales para presentar datos numéricos cuando se pretende, además, mostrar ciertas tendencias o patrones de comportamiento y respuesta.

Las figuras o gráficas pueden ser de diferentes tipos y el uso de alguno de ellos estará en función del tipo de datos que se muestran. Entre los principales tipos de gráficas se podrían mencionar los histogramas de frecuencias (gráficas de barra), los polígonos de frecuencias (gráfica de líneas), las gráficas de pastel o "pay", gráficos tridimensionales, gráficos de superficie de respuesta y otras.

En los últimos años, se han desarrollado nuevos tipos de figuras que indican de una mejor manera visual el comportamiento de los datos; sin embargo, se requiere de una mayor comprensión para asimilar la información. En estos casos, la descripción al pie de la figura debe ser detallada para que el lector pueda detectar fácilmente aquello en lo que debe fijar su atención.

a. Histograma y Polígono de frecuencia

Los histogramas, conocidos también como gráficas de barra, en donde la acumulación de casos se representa por medio de barras rectangulares o cilíndricas y se observa la distribución por grupos.

El polígono de frecuencia es similar al histograma. Este se crea a partir de un histograma de frecuencia y emplean columnas verticales para reflejar frecuencias. El polígono de frecuencia une los puntos de estas columnas.

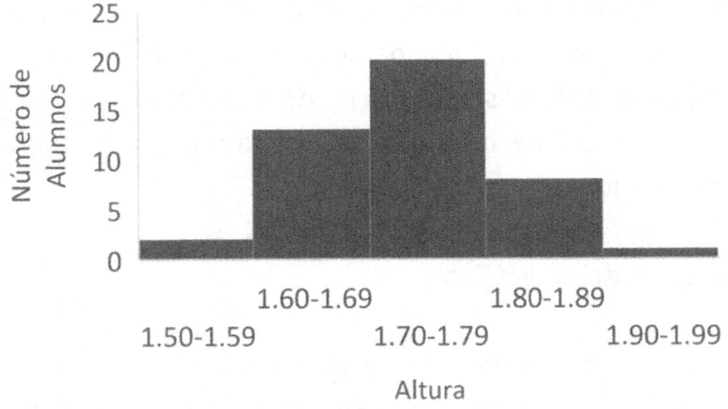

Figura X. Histograma de frecuencia de alumnos participantes por grupos de altura.

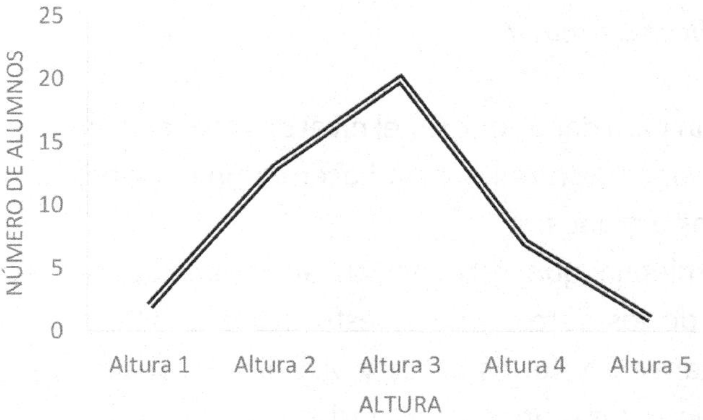

Figura X. Polígono de frecuencia de alumnos participantes por grupos de altura.

b. Gráficas de pastel o de anillos

En este tipo de gráficas los datos están representados por rebanadas o porciones de un círculo que representa el total. Usualmente se utilizan para presentar proporciones.

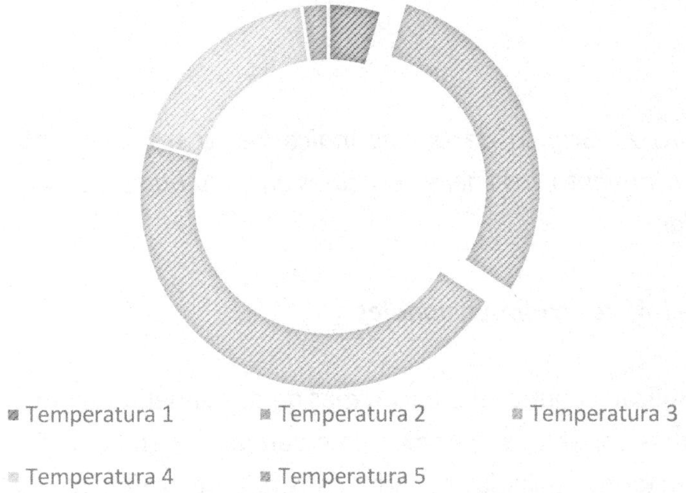

Figura X. Gráfica de anillos mostrando la proporción de cada grupo y enfatizando el grupo de interés (en caso de haberlo).

c. *Gráficas de barra*

Se utilizan para dar a conocer el nivel de respuesta en un formato de dos dimensiones. Son útiles para hacer comparaciones directas entre tratamientos o grupos.

Se recomienda que éstas vayan acompañadas por el rango de desviación de los datos, ya que esto ayuda a determinar en parte, el comportamiento de los datos y visualizar si realmente existe una diferencia entre los grupos comparados.

Es el tipo de gráfico más utilizado en reportes científicos, aunque debe procurarse utilizar distintos tipos de gráficos en un mismo documento, para que la presentación de los resultados no luzca repetitiva.

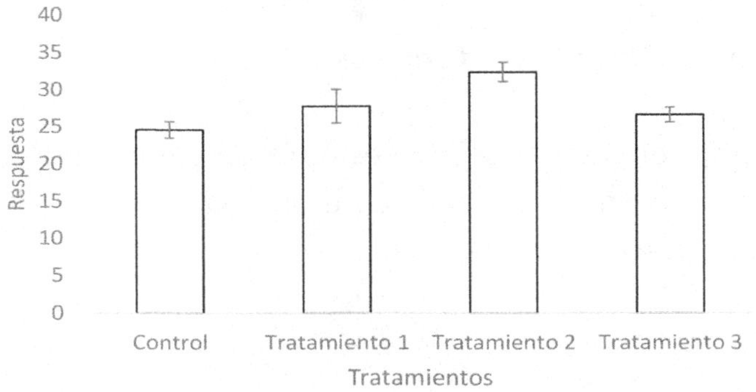

Figura X. Gráfica de barras indicando la respuesta obtenida por cada tratamiento, las líneas verticales en cada barra indican desviación estándar.

d. *Gráficas tridimensionales*

Se utilizan cuando se grafican más de dos variables independientes y una o más variables dependientes o variables respuesta. Sin embargo, es importante utilizarlas cuando los resultados reflejan una tendencia fácil de observar; de otro modo, se corre el riesgo de que solo se observen barras "grandes y pequeñas" sin sentido alguno. En este último escenario, es preferible utilizar una tabla para mostrar los datos.

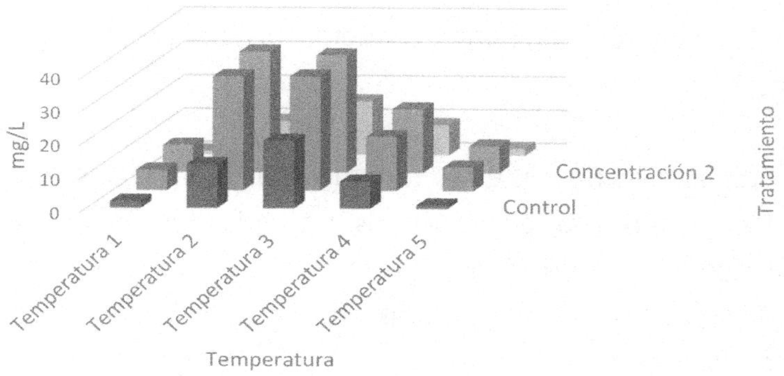

Figura X. Niveles de amoniaco en agua tratada con diferentes concentraciones de agente reductor, bajo diferentes temperaturas.

e. *Gráficas de superficie de respuesta*

Son también gráficas tridimensionales pero, en este caso, los datos no se representan como barras, sino como una superficie continua o carpa que presenta elevaciones o depresiones, según sea el valor representado. Adicionalmente, la superficie puede cambiar de color de acuerdo con la elevación o a la depresión, lo que resulta muy útil para detectar tendencias, puntos más elevados o bajos y asociarlos con la convergencia entre los diferentes factores que están siendo analizados.

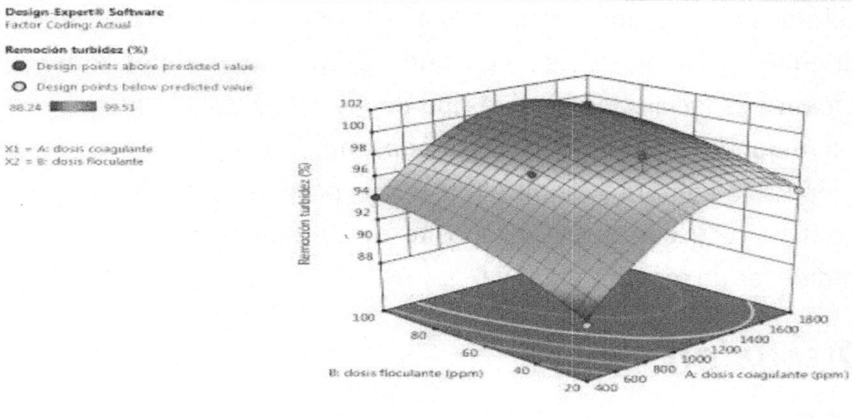

Figura X. Porciento de remoción de la turbidez del agua con diferentes dosis de floculante y de coagulante

Algunas sugerencias para un mejor diseño de figuras son las siguientes:

- ✓ Someter las figuras en su tamaño final, o un poco más grandes. De preferencia en formatos vectorizados TIFF o PNG en resolución de 600 DPI.
- ✓ Agrupar los títulos de todas en una sección titulada Leyenda de las Figuras.
- ✓ Numerar todas las figuras, ya sea sobre la ilustración, en una esquina o en el reverso de la figura.
- ✓ Si no es obvio, indicar con una flecha la orientación de la figura.
- ✓ Usar círculos, triángulos y cuadrados para los puntos de las gráficas.
- ✓ Agrupar las figuras y colócalas después de las tablas.
- ✓ Indicar las diferencias significativas.
- × No elaborar figuras para aquellos datos que se pueden mostrar en un texto simple.
- × No usar figuras tridimensionales para datos que tienen sólo dos dimensiones.

Estos son solo algunos ejemplos de gráficos sencillos y ampliamente utilizados en estudios científicos; sin embargo, existe una gran variedad de tipos de gráficos que se pueden obtener mediante software especializado. Si este tipo de gráfico especializado ofrecerá una mejor ilustración de los resultados, no dude en utilizarlo; pero si complica la comprensión, no lo use solo porque se ve "bonito". Una vez más, recuerde que el propósito de un documento científico es comunicar de manera efectiva.

Discusión

Esta sección del artículo científico está dedicada a comentar e interpretar los resultados de la investigación. Los resultados se discuten en sí mismos, cómo fueron: grandes, pequeños, homogéneos, dispersos, mejores, peores, etcétera. Se discute también como se comportaron con respecto a la pregunta de investigación, hipótesis y objetivos planteados.

En nuestra experiencia como revisores para más de 50 revistas científicas, así como instructores de cursos de redacción y editores de revistas, hemos detectado que un error común que se comete en el desarrollo de esta sección es que los autores se desvían del tema y, en consecuencia, la discusión tiene muy poco que ver con el objetivo de la investigación. Incluso, hay quienes terminan escribiendo más de los resultados que otros obtuvieron y muy poco de los propios, llevando al lector a una lectura confusa y a no poder percibir cuál es el verdadero aporte de la investigación.

El uso de referencias bibliográficas debe enfocarse en dar soporte o contrastar a lo encontrado en la investigación. También, para ayudar a explicar ciertos resultados o complementar aquella información que solo se conocía de manera parcial. Lamentablemente, hay artículos cuya discusión parece una revisión del "estado del arte" de un tema, mientras que los resultados que se han generado quedan en el olvido.

Por otro lado, la comparación de los resultados se debe hacer con investigaciones verdaderamente equiparables. Además, es muy importante no sesgar el uso de referencias considerando solo aquellas que "apoyan" lo que se desea aseverar. La búsqueda honesta y responsable de evidencia ve con igual interés aquellos datos que comprueban o refutan una hipótesis.

También, la discusión puede incluir la aplicabilidad de los resultados para resolver el problema planteado u otros, o proponerlos como base de futuras investigaciones. En este sentido, es importante estar conscientes del alcance de los resultados que se han obtenido y no ir más allá de lo permitido. Por ejemplo, si lo que se ha probado es un nuevo producto para combatir cierto tipo de cáncer, utilizando un modelo murino, no es permitido discutir ni concluir que los resultados demuestran de forma contundente que esto ***"ya es"*** la cura para este y ***"todo tipo"*** de cáncer. Los resultados tienen un límite de extrapolación. Una cosa es discutir acerca de lo prometedores que son los resultados y otra, aseverar que se trata de algo definitivo. Tampoco es correcto discutir resultados que no son significativos como si lo fueran; esto puede llegar a ser considerado como falta de ética; evite caer en la tentación de utilizar el mismo texto para cambiar la percepción de los resultados.

En la discusión también se pueden mencionar de nuevo algunos resultados selectos mientras se discute, pero no deben repetirse en detalle, ya que esto es redundante. Tampoco es adecuado referir nuevamente figuras y tablas.

A continuación, un ejemplo de un fragmento de la discusión de un artículo en ciencias biológicas (acuacultura):

> *En este estudio se observó que la adición de Spirulina maxima mejora la composición nutrimental con respecto a alimentos que no la contienen. Recientemente se ha prestado atención en la inclusión de atrayentes químicos y naturales en las dietas para estimular la ingesta y el crecimiento de los animales de cultivo (Ahamad et al., 2007). Jaime-Ceballos et al. (2007) señalaron el poder atrayente de la incorporación de Spirulina platensis al alimento comercial (proteína animal) para el cultivo de camarón. En este sentido, la adición de esta especie en alimentos no solamente mejora la atractabilidad, sino que confiere una mejora en términos nutrimentales.*

Ejemplo de un fragmento de la discusión de un artículo de investigación en ciencias educativas:

> *A partir de los resultados obtenidos, se podría inferir que cualquier intento por mejorar la calidad del proceso de enseñanza y aprendizaje en las zonas rurales de nuestro*

país, tendrá resultados deficientes si pasa por alto el impacto de las creencias del profesor en el proceso educativo. Esto, debido a que las creencias afectan el comportamiento docente, determinando la forma en que este conduce el proceso educativo dentro del aula (Contreras y Prieto, 2008).

Un ejemplo más sobre un estudio de opinión relacionado con ciencias de la salud:

En general, la mayoría de los pacientes estaban (muy) preocupados por el impacto de la pandemia COVID-19 en su tratamiento oncológico o seguimiento. En particular, los pacientes tratados en regiones de código rojo estaban más preocupados que los pacientes de otras regiones, independientemente de los ajustes del tratamiento. Estos hallazgos indican que todos los pacientes podrían beneficiarse de más apoyo e información psico-oncológicos, por ejemplo, mediante el uso de seminarios web. El apoyo adicional para los pacientes que enfrentan las consecuencias diarias de la pandemia de COVID-19 sería beneficioso.

Finalmente, al momento de redactar la discusión, tenga a la mano, de forma visible el título, la pregunta de investigación, la hipótesis y el objetivo de su artículo. De esta manera evitará divagar en discusiones y argumentos que no tienen relación con estos elementos centrales de su trabajo. No es necesario que discuta cada resultado cuando los datos son demasiados, pero sí, aquellos que dan validez a su aproximación experimental (o metodológica) y los que prueban o contradicen su hipótesis; el resto de los resultados estarán visibles a los lectores (incluso como material suplementario).

A continuación, presentamos algunas preguntas útiles para poder estructurar una discusión:

1. A partir de este trabajo, ¿qué **declaración** es pertinente para la ciencia?
2. ¿Los Resultados **proveen respuestas comprobables** para la **hipótesis**?
3. ¿Se cumplieron los **objetivos**?
   a. De ser así, ¿Qué interpretación se da a los resultados?
4. ¿Los Resultados **concuerdan con lo que otros han encontrado o demostrado**?
   a. De no ser así, ¿sugieren alguna explicación alternativa o quizá, algún error en el experimento (o el de otros)?
5. ¿Cuál es el **aporte al estado del arte** en el tema investigado?
6. ¿Qué se puede **Concluir** a partir de los Resultados?
   a. Dadas tales conclusiones, ¿cuál es entonces la nueva comprensión del problema planteado en la Introducción?
7. ¿Cuál es el **siguiente paso** necesario para ampliar este conocimiento o aplicarlo de mejor manera?
   a. ¿Qué experimentos harían falta?

Conclusiones

Esta sección está dedicada a la generalización de los resultados obtenidos. Las conclusiones deben ser afirmaciones puntuales, claras y concisas; ya no deben estar acompañadas por discusiones, opiniones o análisis, puesto que esto debió quedar asentado en la sección anterior. Este es uno de los problemas más comunes con los que nos encontramos al revisar publicaciones científicas, ya que algunos autores continúan discutiendo o vertiendo sus opiniones en esta sección, haciendo que esta parte del escrito en donde deberían dar las conclusiones del trabajo, tenga más parecido a una discusión anexa.

En esta sección se deben redactar enunciados breves y afirmaciones derivadas exclusivamente en los resultados obtenidos y no se debe extrapolar o especular con lo que "pudiera ser".

A continuación, un ejemplo de conclusiones de un artículo en ciencias naturales:

> *Los resultados del estudio indican que el alimento elaborado a base de trigo y garbanzo conteniendo 3 % de Spirulina maxima, ofrece una opción de alimentación eficaz para el cultivo de camarón blanco, dado que actúa como una fuente de nutrición y energía, que aumenta su rendimiento y mejora su salud. Adicionalmente, el alimento a base de proteína vegetal presenta una hidroestabilidad que favoreció el aprovechamiento del alimento por el camarón. Se sugiere la formulación de alimentos balanceados, con mezclas de diferentes proteínas vegetales enriquecidas con inmunoestimulantes para optimizar el rendimiento y nutrición del camarón cultivado en granjas.*

Ejemplo de conclusiones de un artículo de investigación en ciencias de la educación:

> *En el proceso enseñanza-aprendizaje de las asignaturas "El Mundo en que Vivimos", "Ciencias Naturales" y Geografía", se puede ofrecer una respuesta educativa individualizada, que potencie los motivos e intereses y fomente el amor y respeto por los demás, a través de las excursiones docentes y sus variantes como paseos, caminatas, aproximación a monumentos, visitas a museos, los proyectos de investigación escolar, los juegos didácticos, el cartel y los acertijos y adivinanzas.*

Finalmente, la sección de conclusiones de un estudio de opinión relacionado con ciencias de la salud:

> *Este es el primer estudio que investiga las perspectivas de los pacientes con cáncer durante la pandemia de COVID-19. El estudio demuestra el impacto significativo de la crisis de COVID-19 en la atención oncológica, lo que indica la necesidad de apoyo psico-oncológico durante esta pandemia.*

Después del Título y el Resumen, la sección de conclusiones es la más "visitada" por los lectores que están analizando si vale la pena descargar y dedicar tiempo en leer una publicación científica. Asegúrese de que ésta sea clara, concisa y tenga relación con el objetivo del estudio.

Literatura citada

Dependiendo de la revista esta sección puede llamarse también Bibliografía, Referencias Bibliográficas, Referencias, etcétera. En básicamente una lista ordenada por orden alfabético o numérico de todas las referencias que se citaron en alguna parte del texto.

El orden alfabético es el más común en artículos científicos de las ciencias naturales, aunque depende de la revista.

Mientras que, en la forma numérica, las referencias se van enlistando por el orden en que hayan aparecido en el texto, en la forma alfabética, se enlistan por orden alfabético de acuerdo con el apellido del primer autor. Si hay más de dos referencias de un mismo autor, se enlistan por orden cronológico. Si un autor tiene artículos u otros documentos con más de un coautor, se enlistarán por el orden del apellido del segundo coautor.

En la lista de referencias se incluyen: artículos científicos publicados en journals o en memorias de reuniones científicas, artículos de divulgación, revisiones; se incluyen artículos aceptados (en prensa), capítulos de libros, libros, tesis depositadas en bibliotecas y documentos publicados en Internet.

No se incluyen resúmenes (abstracts), informes técnicos, artículos en preparación o sometidos para publicación (se citan en el texto usando in litt.), comunicaciones personales (se citan en el texto usando com. pers. o pers. com.); datos sin publicar (se citan en el texto usando sin publicar o unpubl. data).

Existen varios formatos para escribir las referencias y dependen de la revista en que se publicará el manuscrito. La forma más utilizada en las revistas dedicadas a las ciencias naturales es la de la APA (APA referencing guide). Pero también es común la Harvard.

A continuación, se detalla la manera de redactar las referencias de los diferentes tipos de documentos citables:

Artículo científico original

Formato APA

Apellido del autor (es), iniciales del nombre(s) (año) Título del artículo. Nombre de la revista en cursivas, volumen(número)*, página inicial-página final. DOI (digital object identifier; cuando tiene asignado), ó recuperado de: http//www.página electrónica, para artículos de revistas electrónicas.

*cuando la paginación no es continua

El DOI es asignado por The Internacional DOI Fundation.

Ejemplo:

> *Ávila CA, Shamah LT, Galindo GC, Rodríguez HG, Barragán HLM. (2012) La desnutrición infantil en el medio rural mexicano. Salud Pública México 1998; 40: 150-60.*

Formato no APA

Apellido de autor (es) e inicial del nombre(s). Título del artículo. Nombre de la revista, Año; Volumen (número): Páginas

Ejemplo:

Chávez RE. La Computación en las Ciencias Médicas. Revista Cubana de Educación Médica Superior. 2000; 1(17): 526.

Artículo en Compilación

Formato APA

Apellido del autor (es), (coma), inicial del o los nombres. (punto).. Título del artículo. (punto) In: Inicial del nombre(s) y apellido del editor(es) o compilador(es) y entre paréntesis Ed(s) o Comp(s) según el caso. (punto) Nombre del libro o compilación en cursivas. (punto). Ciudad donde se editó. Editorial. Año de la publicación: Página inicial-(guion) página final.

Ejemplo:

Winick. M. Nutrition and brain development. In: Serban G, (editor). Nutrition and mental functions. New York: Plenum Press, 1975: 65-73.

Formato no APA

Apellido del autor (es). Título del artículo: En: Nombre de la compilación. Lugar: Editorial; Año.

Ejemplo:

Chávez RJ. El Síndrome de la Tecnología Educa-tiva. En: Hacia una educación audiovisual. La Habana: Editorial Pueblo y Educación; 2004.

Libro Publicado

Apellido del editor, (coma) inicial del o los nombres. (punto). Año de publicación entre paréntesis. Título del libro en cursivas. (punto). Volumen (si hay más de uno). Edición entre paréntesis (si no es la primera). Editorial. (punto) Lugar de edición.

En algunas revistas se incluye al final: páginas totales seguidas de pp.

Ejemplos:

Collier, A. (2008). The world of tourism and travel. Rosedale, New Zealand: Pearson Education New Zealand.

Bisquerra, R., Pérez-González, J. C. y García Navarro, E. (2015). Inteligencia emocional en la educación. Editorial Síntesis. Bogotá, Colombia.

Libro Editado

Apellido del autor(es), inicial del nombre(s). (año de publicación). Nombre del libro. Lugar de edición. Editorial

Ejemplo:

Wepa, D. (Ed.).(2005). Cultural safety in Aotearoa New Zealand. Auckland, New Zealand: Pearson Education New Zealand.

Capítulo en Libro Editado

Apellido del autor(es), Inicial del nombre (s). (año de publicación). Título del capítulo. En o In: Apellido del editor(es) e inicial del nombre(s) (Ed o Eds). Título del libro (edición, si no es la primera). pp página inicial-página final. Lugar de edición. Editorial

Ejemplo:

Dear, J., & Underwood, M. (2007). What is the role of exercise in the prevention of back pain? In D. MacAuley & T. Best (Eds.), Evidence-based sports medicine (2nd ed)., pp. 257-280. Malden, MA: Blackwel.

Artículo en memoria Editada

Apellido del autor, (coma), inicial del o los nombres. (punto). Año de publicación entre paréntesis. Título del artículo. (punto). Página inicial – (guión) Página final. (punto). In ó en (dependiendo si es en inglés o español). Apellido, (coma) inicial del nombre del editor de las memorias. (ed. o eds). Nombre de la Reunión en cursivas. (punto). Lugar y fechas (de inicio y fin) de la reunión. (punto).

Ejemplo:

Biley, R. (2004) The ecology of copepods in La Cruz Estuary, Mexico. Pages 11-23. In: Marriot, L. and Wilkey, M. (eds.). Coastal Ecology of the Gulf of California. Hermosillo, Mexico, October 22-25, 2004.

Documento de Internet

Apellido del autor, (coma), e inicial del o los nombres. (punto). Año entre paréntesis. Nombre del documento. (punto). Página electrónica.

Nota: después del nombre del documento se anexa la siguiente frase: Recuperado el (fecha en la cual se consultó el artículo), de (dirección electrónica).

Ejemplo:

Mari Mutt, J. A. (1999) Print vs. the Internet: On the Future of the Scientific Journal. Recuperado el 12 de Junio de 1999 de http://caribjsci.org/june99/p.160-164.pdf.

Otra manera en que se puede encontrar referido un documento de internet es la siguiente:

Apellido del autor(es) e iniciales del nombre(s). Título del documento [fecha de la consulta[. Página web. Año

Ejemplo:

Álvarez ZC. El proceso docente educativo. [Consultado en Julio de 2006]. http://www.esimecu.ipn.mx/diplomado. 2006.

Selección de la revista

Para seleccionar la revista en la que se pretende publicar el manuscrito se toman en cuenta diversos criterios que pueden tener mayor o menor peso de acuerdo con el autor(es) y a las condiciones y contextos. Los criterios que mayormente se toman en cuenta son los siguientes: Área en que publica (Aims & Scope), prestigio, factor de impacto, inclusión en índices de prestigio, estabilidad, renombre de la institución o editorial, cobertura, tiempo de aceptación-publicación, etcétera.

1. *Área de publicación (scope)*

Cada revista enlista los temas y líneas de investigación que abarca. Por ejemplo, aunque una revista tenga relación con el tema de ciencias naturales, no publicará todo lo que tenga que ver con ciencias naturales, a menos de que sea multidisciplinaria. La mayoría de las revistas abarcan temas específicos. No pierda el tempo sometiendo un manuscrito a una revista que no cubre el tema de la investigación. Si después de haber leído el área de publicación no está seguro, pregunte al editor; mande el título de su artículo y el resumen. Es preferible esperar uno o dos días la respuesta del editor, a perder semanas o meses para recibir un comunicado que de a conocer que el artículo no será considerado para publicación, ya que no cumple con la temática de la revista.

2. *Prestigio de la revista*

Para algunos autores es importante el prestigio de la revista, ya que consideran que esto le da importancia al artículo al ser publicado. En algunos casos, publicar en ciertas revistas resulta en todo un mérito, debido a que publican solamente información disruptiva y la demanda es alta, por lo que hay que seleccionar entre los mejores artículos.

Sin embargo, para empezar a publicar los primeros artículos, pudiera seleccionar revisas que no tengan tanta demanda, pero que asegure un riguroso proceso de revisión. Publicar en revistas que no le exijan una buena redacción y calidad a su trabajo, no le ayudará a mejorar.

3. Factor de impacto

Representa en número de citas promedio que recibe cada artículo en los dos años inmediatos posteriores a su publicación. Es un indicador del impacto que tiene la revista en el ámbito de su competencia o a nivel global.

Además de "medir" el impacto de la revista, sirve para compararlas con otras de la misma área, ya que las revistas se van ranqueando por factor de impacto dentro de la misma área. Posteriormente se dividen en cuartiles (Q1-Q4), siendo las más prestigiosas aquellas que caen dentro del primer cuartil (Q1).

También, es un dato relevante, sobre todo para la calificación de los profesores o investigadores por parte de su institución o instituciones externas que otorgan apoyos.

4. Inclusión en índices de prestigio

Muchas veces la validez y prestigio académico de un documento depende de que esté incluido en determinados índices, es decir, que sea un artículo indizado. Los índices de mayor prestigio en las ciencias naturales son: JCR (Journal Citation Index), Scopus y Web of Science, aunque existen muchos otros que son aceptados por algunas instituciones.

Para pertenecer a estos índices, las revistas deben de cumplir con ciertos criterios rigurosos que aseguran la calidad académica. Considere que la mayoría de las revistas depredadoras, no pertenecen a índices de prestigio.

Las editoriales o revistas depredadoras son aquellas que con frecuencia solicitan a los autores manuscritos por los que cobran cuotas u honorarios para publicarlos, pero sin proporcionar los servicios editoriales y procedimientos de calidad (como la revisión de la temática y originalidad del manuscrito, ética en el manejo de datos, revisión por pares, etcétera). Evite este tipo de revistas, ya que solo le traerán desprestigio en su carrera.

5. *Estabilidad de la revista*

El prestigio de una revista puede a veces estar basado en su estabilidad, es decir, en su permanencia a través del tiempo y el cumplimiento de la periodicidad declarada. Hay revistas que dejan de publicar y luego retoman la actividad, mientras que otras forman parte de índices de prestigio para luego ser expulsadas por diversos motivos.

6. *Renombre de la institución o editorial*

Hay instituciones académicas o editoriales de mucho renombre que producen revistas, que, por ese solo hecho, son bien calificadas o percibidas. Podemos mencionar, por ejemplo: Cambridge University Press, Oxford University Press, Wiley, Springer, Elsevier, Taylor & Francis, entre otras.

Revisión, envío y seguimiento del manuscrito

1. *Revisión*

Una vez que se tiene el primer borrador, es necesario revisarlo detenidamente. De ser posible, enviarlo a un colega de la misma área para revisar el mérito científico y a uno de otra área para revisión de la redacción. Es normal que después de tanto trabajo se tenga una sensación de prisa o apuro por someter el documento a la revista y concluir con el proceso. Sin embargo, le recomendamos verlo de forma inversa, es decir, "es demasiado el trabajo para obtener un primer borrador del manuscrito, para que la prisa por publicarlo termine siendo un obstáculo". Las revisiones a la ligera usualmente pasan por alto errores que deben ser atendidos y terminan afectando la evaluación del documento.

Esto no significa que deba sentir inseguridad de enviar el manuscrito y que, por lo tanto, el documento termine entre los archivos de proyectos incompletos. Solamente es un exhorto a que tenga paciencia y tome las precauciones necesarias. Si el manuscrito es científicamente relevante y está bien escrito, el resultado será positivo.

2. Envío

Tomar en cuenta las observaciones, preparar el manuscrito final y enviarlo a la revista seleccionada es un punto casi automático en algunos casos, pero en otros la revista solicitará un resumen o carta al editor en donde se dé a conocer la relevancia de la investigación realizada y la descripción de algunos puntos destacados (highlights). Si la revista a la que va a someter el documento solicita este tipo de información, téngala lista desde antes, ya que improvisar jugará en su contra.

El envío del documento se hace a través de la plataforma de la propia revista y se debe ser muy cuidadoso en el proceso para evitar retrasos. El último "click" para enviar el documento debe hacerse entendiendo que no hay vuelta atrás, por lo que todo debe estar acorde a lo planeado.

Cada revista cuenta con su propia plataforma; muchas de ellas utilizan el mismo sistema, pero hay otras que han desarrollado uno propio. Asegúrese de leer las instrucciones del sistema.

Por último, solo envíe el artículo a una revista a la vez; enviar el documento a dos o más revistas al mismo tiempo se considera como una falta de ética y puede acarrearle sanciones por parte de una editorial.

3. Seguimiento del Proceso Editorial

Una vez sometido el manuscrito, el sistema lo hará llegar a manos del Editor, quien decidirá la pertinencia del tema de investigación con la revista, la originalidad y otros aspectos relevantes para decidir si vale la pena ser considerado como potencial material publicable. Si el documento cumple con los requerimientos, a continuación, procederá a buscar posibles revisores expertos en el tema, eligiendo a dos o más.

En algunas ocasiones, el sistema de captura de la revista solicita al autor que sugiera los posibles revisores. Es importante evitar el nepotismo en este punto; es decir, evite sugerir revisores que sean "amigos" o con quienes publique de manera frecuente, ya que esto le puede generar una opinión negativa ante del Editor. Seleccione expertos, con los que no haya trabajado en los últimos cinco años, que no pertenezcan a su institución y que, de preferencia, pertenezcan a instituciones de otro país.

De acuerdo con las revisiones el dictamen puede ser:

Aceptado
Aceptado con correcciones menores
Aceptado con correcciones mayores
Rechazado

Seguimiento del Proceso Editorial

a. Aceptado

Significa que el manuscrito es aceptado tal cual se envió, sin alguna modificación requerida, lo cual muy raramente sucede. Tenga por seguro que después se haber sometido el manuscrito a una revista, será necesario modificar algo a sugerencia de los revisores.

b. Aceptado con Revisiones Menores

Generalmente son errores ortográficos, de puntuación o tipográficos, omisiones o falta de claridad en algún punto.

En este caso las correcciones se atienden de manera fácil y rápida, de tal manera que en poco tiempo se reenvía el manuscrito a la revista, con amplias posibilidades de ser finalmente aceptado.

c. *Aceptado con Revisiones Mayores*

En este caso se trata de errores más significativos e incluso severos: una redacción inadecuada, metodologías inadecuadas o poco precisas, resultados poco claros, discusión insuficiente o mal conducida, referencias insuficientes y no actualizadas, manejo estadístico erróneo o poco preciso, entre muchas otras.

En este caso hay que hacer una reestructuración más profunda del documento antes de enviarlo de nuevo. Es necesario tomarse el tiempo necesario para atender detenida y eficazmente cada comentario vertido por los revisores. Responda de manera cordial y con argumentos académicos. Posiblemente no esté de acuerdo con algunos de los comentarios; sin embargo, evite usar un lenguaje agresivo al responder a los revisores, quienes han invertido parte de su tiempo para revisar su documento sin remuneración o beneficio alguno en la mayor parte de los casos.

Atender eficazmente las observaciones de los revisores hará que la calidad de su manuscrito mejore y aumentará las posibilidades de que éste sea aceptado.

d. *Rechazado*

Si el rechazo es mayormente por redacción inadecuada, pero se reconoce el mérito científico del trabajo, es necesario redactarlo nuevamente. Si es en inglés u otro idioma extranjero que no se domina adecuadamente, es necesario recurrir al apoyo de expertos o servicios profesionales en dichos idiomas. Una vez reestructurado, se puede decidir someterlo a la misma revista u otra.

Algunas otras razones por las que un manuscrito es rechazado son: tema inadecuado para la revista, falta de espacio en la revista, falta de originalidad, poca relevancia o aporte a la ciencia, mal diseño experimental, análisis estadístico inadecuado, entre otras.

Recibir un correo en donde el Editor notifica del rechazo del manuscrito nunca es agradable, ya que, en primera instancia, queda una sensación de haber trabajado en vano. No obstante, esto no es así, en primer lugar, porque la experiencia ganada es un punto a favor; en segundo lugar, porque los comentarios de los revisores representan una asesoría gratuita que le ayudará a plantear de manera más adecuada un artículo científico.

Si es posible, atienda los comentarios de los revisores, reestructure su artículo y si considera que éste ha mejorado notablemente, sométalo a otra revista. Tenga en mente que este es un proceso de aprendizaje.

CAPÍTULO 5.
PRESENTACIÓN ORAL

Otra de las formas en las que se dan a conocer por primera vez los resultados de una investigación o el conjunto de una serie de trabajos, es a través de presentaciones orales en foros, simposios, congresos, coloquios y otras reuniones académicas y científicas. Por ello, los principios para desarrollar una presentación oral son relevantes.

Si bien este tema puede abarcar todo un libro, en este capítulo se abordarán solo algunos puntos importantes a considerar. Básicamente nos enfocaremos en consejos prácticos al momento de preparar una presentación.

Toda presentación va acompañada de un contenido, un diseño y un discurso. El equilibrio entre estos es crucial para lograr una presentación eficiente. El contenido se refiere a la selección previa y pulida de la información que se va a presentar. El diseño se refiere, por lo general, al diseño "artístico" de las diapositivas de una presentación, aunque también se puede incluir ejemplos en vivo del desempeño de un prototipo, etcétera. Por último, el discurso es la selección de las palabras, el tono y forma en las que se expresarán los hallazgos de una investigación.

Como ya se mencionó, debe haber un equilibrio entre estas tres partes. Un excelente contenido puede ser opacado por un mal diseño, mientras que un mal contenido a veces es cubierto por excelentes diseños o discursos. Aunque esto último es indeseable, podemos ver que cada parte importa.

Diseño

Una de las claves para lograr un diseño adecuado es la sencillez del material visual con el que se da a conocer la información. Las diapositivas no son cuadros en blanco que se pueden saturar de letras o imágenes sin seguir unas cuantas reglas. A continuación, se mencionan algunas sugerencias para la preparación del material visual:

Proyectar una idea a la vez. Es importante que cada diapositiva trate de una sola idea, ya sea el título, el problema a investigar, la pregunta de investigación, el resultado de un análisis, etcétera. De esta manera, la audiencia asimila de mejor manera el tema del que trata la diapositiva y no tiene que esforzarse por identificar qué parte del contenido corresponde a una cosa y qué a otra, sino que conectará todos los elementos de la diapositiva al discurso del expositor.

Presentar información usando poco texto. Las presentaciones en power point u otro tipo de software son un apoyo y no un documento de texto. Uno de los errores más comunes en las presentaciones es llenar de texto las diapositivas y peor aún, con el mismo discurso del presentador. Esto hace que quien presenta tenga un papel prácticamente irrelevante ante la audiencia, pues esta puede leer el contenido de la presentación sin necesidad del presentador. El material visual es solamente un apoyo.

Entonces, ¿cuánto texto se debe incluir en una presentación?. Nuestra recomendación es que no se rebase al límite de seis líneas por diapositiva y siete palabras por línea. Además, evitar que dos diapositivas seguidas tengan solo texto como contenido.

Utilizar letras fáciles de leer. Existe una gran variedad de tupos de letra o fuentes, muchas de ellas con un toque de elegancia; sin embargo, una presentación requiere practicidad. En este sentido es importante elegir aquellas letras que se puedan leer de forma rápida. Las letras sin serifa (también conocida como "gracia" o "remate") son las más adecuadas para una presentación; en contraste, las letras con serifa son más complicadas para una lectura rápida, precisamente porque la serifa es información visual innecesaria.

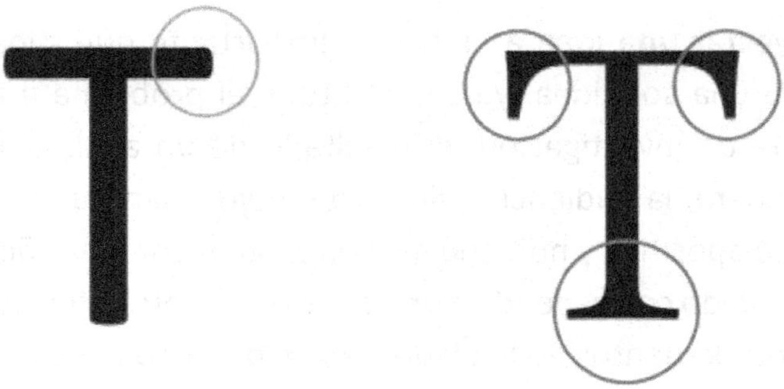

Por ejemplo:

LETRAS SIN SERIFA PERMITEN UNA LECTURA MÁS RÁPIDA Y AMIGABLE

LETRAS SIN SERIFA PERMITEN UNA LECTURA MÁS RÁPIDA Y AMIGABLE

LETRAS SIN SERIFA PERMITEN UNA LECTURA MÁS RÁPIDA Y AMIGABLE

LETRAS SIN SERIFA PERMITEN UNA LECTURA MÁS RÁPIDA Y AMIGABLE

Tamaño de letra adecuado. La audiencia probablemente estará a diferentes distancias de su material proyectado. Es importante que todo el contenido sea claro y perfectamente legible. Para ellos, recomendamos elegir un tamaño de fuente de 36 a 48 para los títulos y de 24 a 32 para el resto de los textos.

Letras obscuras y fondos claros. El uso de fondos claros, ya sea blanco o colores pastel, es amigable a la vista y permite mostrar contrastes. Hay quienes prefieren un diseño utilizando un fondo obscuro y letras claras, ya que también se forma un contraste visual muy marcado; sin embargo, nosotros no lo recomendamos, ya que con el correr de la presentación y el pasar de las diapositivas, la vista se va "cansando" de recibir contrastes tan fuertes. Por el contrario, los colores claros o "pasteles", no cansan la vista. Por ejemplo:

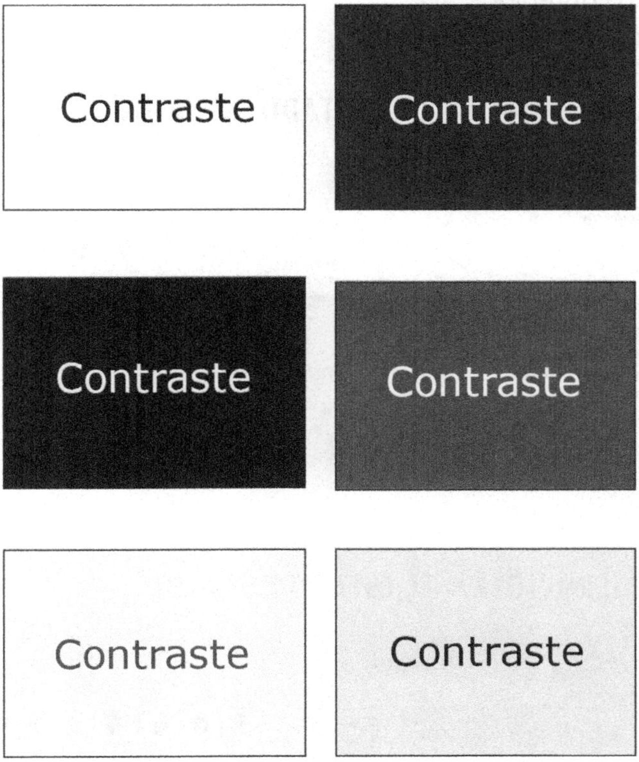

Utilizar dos o tres colores como máximo. El uso de colores y contrastes es deseable en una presentación; letras, fondos y figuras de distintos colores, ayudan a tener una mejor comprensión visual. Sin embargo, un exceso en la diversidad de colores resultará visualmente agobiante. Si va a usar más de tres colores, procure que algunos de ellos tengan el mismo tono.

Por ejemplo, en la diapositiva superior hay algunos colores claros que permiten indicar, separar o enfatizar aquello que es relevante en ese segmento de la presentación; su sencillez permite una rápida comprensión de su contenído. La diapositiva inferior tiene exactamente el mismo acomodo de información, pero utiliza una mayor diversidad de colores para separar y enfatizar los distintos elementos; algunos colores no permiten tener una lectura rápida; además, el sobre-diseño puede llegar a afectar la rápida asimilación visual de su contenído.

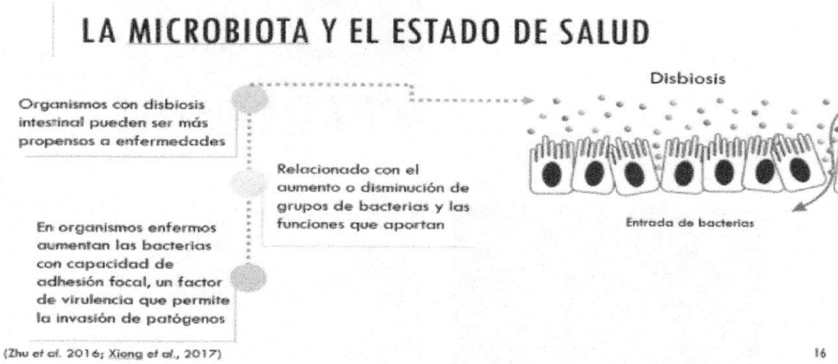

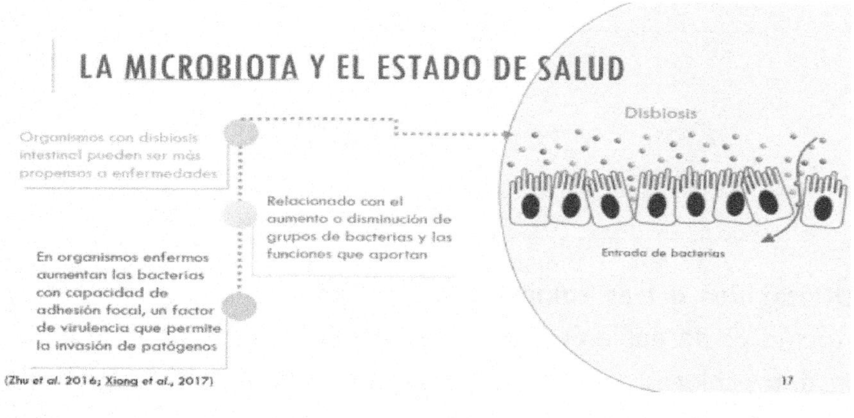

Si es posible, proyecte su material visual días antes de su presentación y verifique que todo se vea como lo planea. Además, considere que algunos tipos de proyectores o lámparas cuya vida media está por agotarse, pueden emitir colores distintos a los que se ven en la pantalla del ordenador. Es mejor que este tipo de situaciones no le tomen por sorpresa.

Agregar animaciones. Las animaciones y los elementos móviles en las presentaciones son de mucha utilidad; sobre todo, cuando una diapositiva tiene mucha información, las animaciones sirven para presentar el contenido por partes. Una diapositiva llena de información y presentada de golpe a la audiencia puede provocar que los asistentes no sepan dónde colocar su atención visual y no entender fácilmente cual es el flujo de la información.

Las animaciones también son útiles para enfatizar, señalar y guiar a la audiencia. Una o dos animaciones por diapositiva se consideran como algo adecuado. Aunque podrían ser más de ser necesario. Es importante que la aparición o ejecución de cada animación coincida perfectamente con el discurso del presentador.

Contenido

El contenido dependerá del propósito de la presentación. Después de un trabajo de investigación hay mucha información para ser analizada y presentada; sin embargo, tanto para la escritura de un artículo, como para una presentación oral, será necesario hacer una adecuada selección de aquello que formará parte de la versión final del trabajo.

Toda presentación derivada de un trabajo de investigación debe dar respuestas directas o implícitas a las siguientes preguntas:

1. ¿Cuál es el problema por resolver? o ¿Cuál es la información faltante acerca de un determinado tema?.
2. ¿Qué se ha hecho antes para resolver el problema o para dar respuesta a la duda que se tiene?.
3. ¿Por qué es importante llevar a cabo tal investigación?.

4. ¿Cuáles son las preguntas de investigación, los objetivos y la hipótesis del trabajo?.
5. ¿Cuál fue el planteamiento metodológico para cumplir con los objetivos establecidos?.
6. ¿Cuáles fueron los resultados y cómo dan respuesta a las preguntas de investigación, los objetivos y la hipótesis del trabajo?.
7. ¿Qué se puede concluir a partir de los resultados obtenidos?.

Respondiendo a estas preguntas, usted tendrá una buena guía para comenzar a trabajar en la parte introductoria de su presentación y continuar hacia el resto de las secciones que componen el trabajo.

Siempre será necesario especificar cómo es que se alcanzaron los objetivos del trabajo, es decir, que tipo de estudio se llevó a cabo, diseño experimental (de ser necesario), método de muestreo, técnicas para hacer mediciones, criterios, análisis estadísticos, etcétera.

La metodología puede presentarse utilizando esquemas, secuencias, imágenes y todo aquello que permita a la audiencia comprender de una forma simple cómo se llevó a cabo el trabajo de campo, el trabajo experimental, etcétera. En las presentaciones no es necesario ser demasiado específicos en cuanto a los detalles de los métodos que fueron utilizados (a menos de que se trate de un método novedoso o uno modificado); lo más probable es que la audiencia tenga conocimiento previo de ellos y su interés sea más bien verificar que los resultados están respaldados por una adecuada aproximación metodológica. Intente presentar la metodología de acuerdo con el orden de los objetivos del trabajo.

Una vez que ya ha quedado clara la importancia de la investigación y el proceso metodológico, deberán presentarse los resultados. En este caso, recomendamos ampliamente tener a mano el objetivo, la pregunta de investigación y la hipótesis de la investigación. De esta manera se podrá discriminar información innecesaria y presentar aquella información que dé respuesta a su pregunta de investigación.

Algunos de los resultados son para dar validez a la investigación, mientras que otros dan respuesta a la hipótesis y a la pregunta de investigación; son éstos últimos los que deben tener prioridad en una presentación.

Evite presentar datos irrelevantes, ya que ocuparán un espacio valioso y le harán perder tiempo al tener que mencionarlos durante su presentación. Si tiene dudas respecto a la relevancia de algunos datos, puede incorporarlos si éstos no le quitan demasiado espacio y tiempo de su presentación, de lo contrario, inclúyalos en diapositivas suplementarias por si los llega a requerir.

Mientras se presentan los resultados, es importante que éstos se vayan discutiendo, resaltando aquellos que son más relevantes y, de ser necesario, contrastándolos con otras investigaciones. Evite el error de describir todos los resultados y después intentar discutirlos o analizarlos; recuerde que esto no es un artículo y la audiencia no podrá regresar a verificar las diapositivas que han quedado atrás. Analice, discuta y comente mientras va presentando los resultados del trabajo, teniendo en mente el único propósito de dar respuesta a la hipótesis y a la pregunta de investigación. Esto asegurará que todo su discurso gire en torno al tema central de la presentación y evitará que divague en argumentos o discusiones sin sentido.

Finalmente llegarán las conclusiones. Éstas deberán ser presentadas en forma de afirmaciones breves que tengan sustento en los resultados de la investigación. Al igual que para un artículo científico, se aconseja evitar seguir presentado, describiendo o discutiendo resultados. Se deberán establecer unas cuantas afirmaciones breves.

Por último, el contenido debe ser balanceado; es decir, cada sección de la presentación debe abarcar "más o menos" el mismo tiempo. Un error común al diseñar una presentación, particularmente entre alumnos principiantes, es intentar demostrar todas las razones por las que una investigación es relevante y hacer una introducción interminable, de tal forma que cuando llegan los resultados, la audiencia ya está cansada o desinteresada. Por el contrario, dar poca importancia a la justificación de la investigación, presentarla de forma rápida y ocupar el resto del tiempo en la metodología y resultados, no dejará claro el impacto del trabajo. Trate de dividir las tres principales secciones de la presentación en partes iguales: introducción, metodología y resultados. Considere una pequeña ventana de tiempo para secciones mucho más cortas como hipótesis, pregunta de investigación (si las presentará como tal), conclusiones, recomendaciones, perspectivas, etcétera.

En cuanto al tiempo, se recomienda presentar a un ritmo de 1 minuto por diapositiva. Por ejemplo, para una presentación de 30 minutos se esperarían observar de 30 a 35 diapositivas. Sin embargo, esto también es solo una recomendación, ya que habrá partes de la presentación que ocupen un énfasis especial. No obstante, es importante que la presentación no sea tan lenta que termine aburriendo a la audiencia, ni tan rápida que deje un mar de dudas.

Vaya paso a paso, siempre teniendo en mente a su público como el receptor final de su trabajo.

Discurso

Es necesario un discurso que mantenga a la audiencia atenta e interesada. Por ello, el discurso debe de ser fluido e interaccionando en todo momento con el público. Tome en cuenta que al momento de estar presentando usted ya no solo es el científico o académico que toma muestras, las analiza en el laboratorio y obtiene conclusiones. En este punto crítico usted se ha convertido en un "vendedor" de su trabajo cuya misión es sensibilizar a su audiencia; por lo tanto, debe ser capaz de transmitir efectivamente la importancia del problema qua ha resuelto o se dispone a resolver, la forma en que lo hizo y los resultados que lo avalan. Todo esto sin perder la atención de su público.

La seguridad con la que se exprese tendrá un impacto en los oyentes. Un presentador nervioso hace pensar a la audiencia que no está seguro de lo que dice y, por lo tanto, que el resto del trabajo es de calidad cuestionable. Hay muchas formas en las que se demuestra el nerviosismo, por ejemplo: tartamudear, hablar con muletillas, no dar la cara a la audiencia, caminar de un lado a otro de un modo poco casual, exceso de gesticulaciones, ausencia de movimiento corporal, tono de voz sin variaciones, leer cada diapositiva, entre otros.

Para evitar tartamudear y expresarse con muletillas, practique su discurso, grábelo y escúchelo para identificar expresiones inadecuadas o repetitivas. Probablemente usted no las note, ya que son parte de su forma natural de expresión, pero escuchar una grabación propia ayuda mucho.

Es igualmente importante interactuar visualmente con la audiencia. Lamentablemente es común ver a presentadores que no voltean a ver a su audiencia y que su mirada a lo largo de la presentación está dirigida hacia sus diapositivas la mayoría del tiempo. O peor aún, ¡leyéndolas!. Un expositor que lee sus diapositivas no está haciendo bien su trabajo, pues la audiencia puede hacer lo mismo. Tenga en mente que las diapositivas son un apoyo a su discurso; usted no es un mero espectador que solo lee y da clic al apuntador para pasar a la siguiente diapositiva. Hable a su audiencia, diríjase hacia ellos, intente convencerlos de que vale la pena prestar atención a lo que les está presentando, conviértase en algo parecido a un divulgador de la ciencia.

Por otro lado, una buena exposición va siempre acompañada de una adecuada expresión corporal. Una postura encorvada, una mirada perdida o un tic nervioso, demeritan en mucho una presentación, pues el público estará más angustiado por los nervios del presentador que interesado en lo que tenga que decir. Adopte una postura erguida, mire con sencillez a la audiencia y a sus diapositivas cuando sea necesario, muévase con naturalidad, use sus manos como instrumentos para dar énfasis o indicar cambios; todo esto sin caer en un exceso en el que parezca ser un mimo.

Finalmente, considere la modulación de voz. Tonos de voz planos y sin variación tienen un efecto somnífero sobre la audiencia. Identifique aquellas partes de la presentación que requieren un énfasis especial.

Mírese al espejo, grábese en vídeo, obsérvese, haga correcciones e inténtelo de nuevo. Poco a poco será un mejor presentador e irá dejando de lado la necesidad de practicar sus presentaciones, ya que tendrá una capacidad adquirida.

Siguiendo estos simples consejos, en conjunto con un buen tema y un adecuado diseño de sus diapositivas, usted mantendrá cautiva a su audiencia y habrá logrado una comunicación efectiva.

REFERENCIAS

Calvo, M., & Calvo, A. (2011). De la divulgación científica a la ciencia mediática.En C. Moreno (Ed.), Periodismo y divulgación científica: tendencias en el ámbito iberoamericano (pp. 15-39). Madrid: Editorial Biblioteca Nueva, S. L.

Camarero, E. (2014). Comunicación personal. Profesora de comunicación Universidad de Loyola, Andalucía y profesora del Master en Estudios Sociales de la Ciencia y la Tecnología, Universidad de Salamanca. 10 de septiembre de 2014. Salamanca, España

Fehér, M. (1990). Acerca del papel asignado al público por los filósofos de la ciencia. En Ordoñez, J. & Elena, A. (Eds.) La ciencia y su público: perspectivas históricas. Madrid: Consejo Sup. de Inv. Científicas.

Martínez, M. (2008). La responsabilidad del investigador en la divulgación de la

ciencia. Revista de Divulgación Científica y Tecnológica de la Universidad Veracruzana, 21(1). Recuperado de http://www.uv.mx/cienciahombre/revistae/vol21num1/articulos/responsabilidad/index.html.

Gómez, N. D., & Arias, O. M. (2002). El cambio de paradigma en la comunicación científica. Universidad de Buenos Aires, Facultad de Ciencias Exactas y Naturales.

Mazzaro, C. (2010). Comunicar la ciencia. Perspectivas, problemas y propuestas. PSIENCIA: Revista Latinoamericana de Ciencia Psicológica, 2(2), 122-127.

SUGERENCIAS DE RESPUESTA A LOS EJERCICIOS

Sugerencia al ejercicio 1:
La dificultad en el aprendizaje es uno de los efectos más significativos y mayormente estudiados de la desnutrición en estudiantes de distintas condiciones socioeconómicas y culturales.

Sugerencia al ejercicio 2:
Los problemas relacionados con la seguridad y la economía familiar, fueron los mayormente mencionados, tal como ocurrió en encuestas anteriores.

Sugerencia al ejercicio 3:
Hasta el momento la vacunación ha sido aplicada solamente al 25 % de la población más vulnerable, la cual se encuentra en los países menos desarrollados o en vías de desarrollo.

Sugerencia al ejercicio 4:
Se ha encontrado una tendencia de ambos sexos a la sobreestimación de sus calificaciones en una prueba escrita.

Sugerencia al ejercicio 5:
El estudiante de más bajos ingresos, así como de más bajos niveles de nutrición, es el que observa los mayores problemas escolares.

Sugerencia al ejercicio 6:
La correlación que se observa pobreza y delincuencia indica que la falta de recursos económicos incide significativamente en la incidencia delictiva.

Sugerencia ejercicio 7:
La prueba Promociona, tuvo un efecto positivo en cuanto a la probabilidad de tener éxito escolar y la probabilidad de continuar estudios. Ambos aspectos evaluados mediante un cuestionario especial.

Sugerencia ejercicio 8:
Se ha comprobado que ni los castigos físicos, ni las amenazas de privación de gustos o satisfactores tienen un efecto en disminuir las conductas inapropiadas. Por el contrario, todos ellos contribuyen en algunos casos a aumentarlas.

Sugerencia al ejercicio 9:
Para una tesis, un título adecuado podría ser: *Efecto de la alimentación temprana en el desarrollo corporal e intelectual de niños de diferentes niveles económicos.*
Para un artículo: *La adecuada alimentación temprana en infantes, beneficia su desarrollo físico e intelectual.*

Sugerencia al ejercicio 10:
Efecto del desarrollo comunitario, educación parental y calidad alimentaria en los índices de aprovechamiento y reprobación de estudiantes de nivel medio superior en el estado de Hidalgo.

Made in the USA
Middletown, DE
01 September 2024

60241903R00066